高等职业教育“十三五”规划教材

财经应用写作双语教程

主　编　史兰芳
副主编　刘明凤　张娃丽　康荣峰　陆一鸣
王　珏　高　慧　周德柱
主　审　陈风奎

中国轻工业出版社

图书在版编目（CIP）数据

财经应用写作双语教程/史兰芳主编. —北京：中国轻工业出版社，2017. 8

高等职业教育“十三五”规划教材

ISBN 978-7-5184-1030-9

Ⅰ. ①财… Ⅱ. ①史… Ⅲ. ①经济—应用文—写作—双语教学—高等职业教育—教材 Ⅳ. ①H152. 3

中国版本图书馆 CIP 数据核字（2016）第 166215 号

责任编辑：张文佳　　责任终审：张乃柬　　封面设计：锋尚设计

版式设计：王超男　　责任校对：吴大鹏　　责任监印：张　可

出版发行：中国轻工业出版社（北京东长安街 6 号，邮编：100740）

印　　刷：北京君升印刷有限公司

经　　销：各地新华书店

版　　次：2017 年 8 月第 1 版第 1 次印刷

开　　本：787×1092　1/16　印张：10. 5

字　　数：243 千字

书　　号：ISBN 978-7-5184-1030-9　定价：35. 00 元

邮购电话：010-65241695　传真：65128352

发行电话：010-85119835　85119793　传真：85113293

网　　址：http://www. chlip. com. cn

Email：club@ chlip. com. cn

如发现图书残缺请直接与我社邮购联系调换

140915J2X101ZBW

前言

PREFACE

随着我国经济融入世界经济的步伐越来越快、全球经济一体化和知识经济时代的飞速到来，人们在处理解决财经方面的事务、沟通有关财经信息时越来越频繁地用到英汉双语甚至多语种的财经类应用文。使用英汉双语甚至多语写作财经应用文已成为相关从业人员必备的基本能力之一。

作为专业通用平台课程，《财经应用写作双语教程》采用中英双语结合的形式，具有应用广泛、实用性突出的特点，它对于培养学生从事财经工作所必备的应用写作能力有着重要作用。为了适应社会主义市场经济体制的要求，适应快速发展的中外合资企业的需求，进一步提高财经专业学生写作及应用各类财经公文的水平和能力，本着理论联系实际的原则，放眼国内外各类企业，我们在总结多年教学实践经验的基础上以学校的“合作企业”为载体编写了本教材。

作为职业院校财经类专业开设的一门课程，本课程的教学原则是以写作知识为指导，以案例为借鉴，以训练为手段，以提高学生独立写作能力为目的；讲练结合，把知识、例文、训练结合起来，把一般文体写作的共性和财经应用文体写作的个性结合起来，使之融为一体；把训练作为教学的重点，加强写作实践活动，有计划、有目的地进行写作训练，切实有效地提高学生的财经应用文写作能力。

本教材采用项目化编写模式：每个任务都包括任务综述、任务资讯、资讯链接、随堂实践和双语范例模块，任务综述提出问题并启发学生进行创造性思考，任务资讯概述知识要点，资讯链接是知识平台，随堂实践针对相关技能进行训练，双语范例供学生借鉴和模仿。附录则对相关知识和案例进行了补充。本书既可作为职业院校财经专业的写作教材，也可作为相关从业人员的自学读本以及阅读、培训教材。

本教材由山东省德州职业技术学院史兰芳老师任主编，负责大纲的拟定和整个教材的通编总纂；刘明凤、陆一鸣老师负责教材英文部分的总体编辑与校译；康荣峰、张娃丽老师负责项目一的中英文案例的提供；王珏副教授、高慧老师负责项目二及项目三的中英文案例的提供。陈凤奎教授负责教材的总审工作。

教材编者在编写过程中参阅、引用了国内有关应用写作教材及书目、专著、期刊资料和专业网站的有关资料，在此一并表示诚挚的感谢！

最后，尽管编者为教材编写付出了极大努力，但由于时间仓促，水平有限，教材中难免存在疏漏之处，恳请读者谅解并提出宝贵意见。

编者

2016 年 6 月

目录
CONTENTS

绪　论

为了实现财经应用文英汉双语写作的理论与实践的结合，让学生真正达到“学中做、做中学”的双语写作目标，德州职业技术学院经济管理系联系了部分中外合资企业为教学实习合作单位。下面有关财经写作方面的一系列任务就是在具体实践中展开的。

本教材的内容主要包括了以下几个方面。

英汉双语财经文书概念和特点的认知。

首先是英汉双语财经文书的概念认知。财经文书是在经济活动中形成和发展的、为现实经济生活服务的、具有特定惯用格式的应用文书。它记载和反映了国家、企业、个人的经济信息，是经济活动中的重要凭证，是沟通经济信息、分析经济活动状况、促进经济效益提高的管理工具。

其次是英汉双语财经文书的特点认知。英汉双语财经文书除了具有一般应用文的特点之外，还具有以下特点：①专业性。撰写财经文书必须以国家经济政策、法律法规和经济科学理论为指导，在掌握客观实际情况的基础上，总结或分析现实的经济业务活动规律或发展趋势。因此，要完成撰写工作，就需要作者具备一定的专业知识。②真实性。财经文书要为经济管理服务或为确定的经济关系服务，就必须真实地反映客观经济情况，所使用的材料切忌主观臆测或夸张，更不能伪造。对于某些经济调查或分析类文章来说，所使用的数据、资料不仅要真实可靠，而且要以科学的态度分析数据，尽可能地反映经济的本质规律。③时效性。为决策层提供经济信息和决策依据，也是撰写财经文书的重要目的。市场情况瞬息万变，要求经济信息必须及时、有效地反馈给决策部门，以便决策层作出快速反应。过时信息将失去其市场价值。④针对性。财经文书涉及国家经济政策和企业的经营管理、生产计划、销售服务等方方面面，因此撰写财经文书要讲究针对性，即针对经济活动或管理的特定对象而撰写。要明确撰写目的，选择适应撰写内容的文种。

英汉双语财经文书的种类认知。

英汉双语财经文书在经济领域中的应用非常广泛，常见的种类有：①报告类。用于总结或分析经济工作的现状或发展趋势，包括财经工作总结、市场调查报告、经济活动分析报告、财务预决算报告和审计报告等。②方案类。用于为决策者提供决策依据，包括经济决策方案、可行性报告、市场预测报告和财经（商业）计划等。③契约类。用于确定经济活动当事人双方的关系、彼此的权利与义务，如授权委托书、经济合同、合作意向书和协议书等。

英汉双语财经文书的写作要求。

撰写英汉双语财经文书，要求与其他文书一样，做到主旨突出、结构层次清晰、语言准确简洁。除此之外，针对其撰写的特定内容，还有以下要求。

①熟悉经济政策和法律，具有业务工作知识。撰写英汉双语财经文书必须要熟悉党和国家财经政策和有关法律。所以，撰写财经文书，首先要熟悉相关的政策和法律，并作为指导依据。其次，撰写财经文书离不开具体的业务工作，只有掌握业务工作知识，才能从中找出规律，撰写出有价值的文章。

②深入调查研究，掌握真实准确的材料。这是撰写英汉双语财经文书的关键。财经文书所使用的材料必须真实可靠，只有深入调查搜集、反复核实，才能获得准确的资料。

③熟悉英汉双语财经文书的格式，掌握其表述方法、写作体例及格式要求。懂业务、有材料不等于就能撰写出合格的财经文书，还必须掌握撰写的方法。没有这一点，任何优秀的研究成果都无从体现。由于财经文书专业性强，各种文体都有惯用的格式，每一种文体根据写作目的的不同又有不同的变化，所以，要撰写出合格的英汉双语财经文书，就必须掌握各种财经文书的基本格式，熟悉说明经济状况的各种方法。

通过双语财经应用文的学习，要求学生最终达到的目标有：①知识目标，包括掌握英汉双语财经文书的概念，理解财经文书的特点，理解英汉双语财经文书的写作要求；重点掌握市场调查、经济活动分析报告和经济合同这几类文书的概念、特点、写法和要求；理解市场调查的方法和定性、定量分析的概念、把握文种的区别；了解其他各种文书的概念、特点和写法。②能力目标，包括英汉双语财经文书的概念和特点认知——何为财经文书、财经文书的特点等；英汉双语财经文书的种类认知——报告类、方案类、契约类等；英汉双语财经文书的写作——熟悉经济政策和法律、具有业务工作知识，深入调查研究、掌握真实准确的材料，熟悉英汉双语财经文书的格式、掌握其表述方法和英汉双语写作要求等。③素质目标，本课程主要培养学生较强的英汉双语财经文书阅读、写作及运用能力，培养学生在实际生活中运用英汉双语与人沟通社交的职业素质，做到利用英汉双语能说会写。通过完成写作训练、小组作业和项目作业，锻炼与提高语言表达能力、信息处理能力、与人交流能力、团队协作能力、创业和就业的能力等。

项目一 写作财经用双语

本项目重在初步了解双语财经应用文教学的意义和要求，学习财经应用文的一般写作规律，培养双语写作的能力。

本项目要求学生达到的知识目标：掌握项目中十个教学任务的基本要求，了解各任务的具体目标，学习各任务的资讯链接，了解相关的资讯信息，进行各个任务的双语写作实训和操练；技能目标：通过对“合作企业”的实地参观及对事先设定问题的释疑，能直观感受到项目和“合作企业”的业务在实践中的联系；能根据参观体会，结合自身情况制订属于自己的学习方法，并顺利完成写作练习。

提示：重点放在与专业相近的任务目标上，有针对性地强化训练。

任务一 调查市场写报告

【任务综述】

德州职业技术学院经济管理系计划成立一个公司作为本系学生的实习基地，这样既可以方便学生实习，又能为学生创造勤工俭学的机会，还可以给学院带来一定的经济利益。计划经学院批准通过，公司命名为创业电器有限公司，总经理由系主任担任。公司准备以“合作企业”为基地，以加工、销售 XC 中央空调为主要业务。但市场前景如何还有待考察论证。于是，公司决定由市场部提供一份市场调查报告，根据调查的结果确定公司的主打产品。市场部经理李林接到任务后，委派本部门职员进行市场调查，搜集各类资料与数据。

一、任务目标

1. 知识目标

掌握调查报告的内容结构、格式和写作要求。

2. 能力目标

（1）能够针对某领域市场需求情

况进行问卷设计与调查。

（2）按照应用文规格写出完整的调查报告。

二、任务实施

1. 针对 XC 中央空调功能、市场需求量、使用区域开展调研。
2. 小组讨论，明确调查目的，确定调查内容，教师指导其设计调查问卷。
3. 教师指导学生如何进行实践调查。
4. 教师指导学生进行资料整理。
5. 学生构思起草调查报告，自主写作，教师指导修改。
6. 成果展示：有关 XC 中央空调需求情况的调查报告。

【任务资讯】

一、市场调查报告的概述
二、市场调查报告的特点
三、市场调查报告的种类
四、市场调查报告的作用
五、市场调查的方法
六、市场调查报告的写作要求与注意问题
七、市场调查报告的写作方法

【资讯链接】

一、市场调查报告的概述

市场调查报告是以市场为对象，运用科学方法，有目的地对企业的产、供、销、购等方面进行调查、预测，探索出市场变化规律，从而写出的书面材料。

好的市场调查报告可以为企业提供可靠的信息，使企业更好地了解市场需求，从而调整自己的生产经营策略。同时，市场调查报告还可以帮助企业了解社会的消费水平、消费结构，沟通产、供、销等几方面的联系，为繁荣市场提供条件。此外，市场调查报告还有利于企业经营管理水平的提高，增强竞争能力，使企业得到长远发展。

市场调查是多侧面、多角度的，调查的目的也是各不相同的，这就形成了市场调查报告的不同类型。按内容可分为商品生产情况的调查，商品供应情况的调查，社会购买力情况调查等；按范围可分为专题性市场调查和综合性市场调查；按目的可分为探测性市场调查和描述性市场调查，前者为非正式的初步调查，后者是正式调查。此外还有因果关系调查、预测性调查等。

市场调查的过程一般按照以下几个步骤进行：首先要确定调查目标，确定调查人员，设计调查方法，然后展开调查，搜集资料，最后对各种资料进行整理分析，从中产生观点，执笔写作。

二、市场调查报告的特点

市场调查报告除了具有调查报告的一般特点之外，还具有其自身特点。

1. 针对性

撰写市场调查报告是为了掌握市场行情，保障企业的运营；为了指导消费，保证市场的健康发展。这就要求撰写者必须从市场实际出发，有针对性地调查市场营销的各个环节，以期掌握瞬息万变的市场情况，为调查的目的服务。

2. 时间性

市场调查报告必须快速反映变化着的市场，才能及时为企业或主管部门提供决策时的参考意见。对企业来说，及时了解国内外技术经济情报、市场需求等信息，有利于提高自身的竞争能力，最终在竞争日益激烈的市场上夺得立足之地。

3. 科学性

市场调查报告必须具有科学性，其分析必须能够反映客观经济规律。因此调查材料要求真实，在分析市场现象时，要有敏锐的眼光、独到的见解，进行预测时，要突出预见的规律性。

4. 实践性

市场调查致力于经济理论在商品流通领域中的实际运用。报告是否有科学性、针对性地解决了实际问题，需要靠市场实践的检验。

三、市场调查报告的种类

市场调查报告从不同角度分类，可以得到不同结果。不同的分类，可以从不同的方面，加深对它的认识。

（1）按服务对象分，可分为市场需求者调查报告（消费者调查报告）、市场供应者调查报告（生产者调查报告）。

（2）按调查范围分，可分为全国性市场调查报告、区域性市场调查报告、国际性市场调查报告。

（3）按调查频率分，可分为经常性市场调查报告、定期性市场调查报告、临时性市场调查报告。

（4）按调查对象分，可分为商品市场调查报告、房地产市场调查报告、金融市场调查报告、投资市场调查报告等。

四、市场调查报告的作用

市场调查报告既是调查成果的载体，又是使其转化成经济效益的重要途径。

具体地说，它的作用体现在以下几个方面。

1. 为决策者提供材料或依据

无论是国家经济管理部门还是企业经营管理部门，都必须重视市场调查，依据其资料或结果制定方针政策、解决企业症结问题，提出解决问题的方案，提高竞争能力和经营管理水平。

2. 提供经验或教训

市场调查为广大的市场消费者和经营者提供经验或教训，引导人们消费，引导生产，促进市场经济的发展。

五、市场调查的方法

一般工作调查的方法有普查、抽样调查、典型调查和重点调查等，这些同样适用于市场调查。除此之外，还可采用下列调查方法。

1. 询问调查法

询问调查法是用口头或书面方式向被调查者进行调查并取得资料的调查方法。其具体方式有个别访问或召开调查会等，优点是材料真实、详细；缺点是调查成本高，调查范围小。问卷调查多采用通信方式，大面积散发调查问卷，优点是调查范围宽，获得的信息量大，成本低；缺点是调查无约束力，答复率不易控制，信息的可信度受被调查者的文化、思想水平等因素的影响。

以上方法可根据调查目的、要求、时间、费用、效果等多种因素来单独使用，也可以综合使用。一般通过个别访问和会议调查取得典型材料，通过问卷调查取得数据型的面上材料，这样有点有面，更具有说服力。

2. 直接调查法

直接调查法主要用于对本企业产品销售和服务情况的调查。企业派专人到产品销售地点，观察销售人员的服务态度，直接向消费者了解购买意向，了解对商品的意见。这种调查对改善企业营销策略和产品设计能提供很大帮助，其优点是简便易行，资料客观，接近实际，但调查范围窄，无法深入了解内在因素，花费时间也较长。

3. 实验调查法

实验调查法是以试行销售的方式进行调查的方法。常见的展销会、订货会、博览会等都属此类。多用于开发新产品、改进老产品或以一种新推销方式扩大产品销售量的时候。

4. 统计分析法

统计分析法是利用企业的现成资料（如统计、会计等报表及相关的数据）进行综合分析的一种调查方法。这种调查方法可总结分析已进行的经济活动，以便发现现行的经营策略是否正确合理、有无必要调整、如何调整等。其优点是调查面广，费用低廉。

六、市场调查报告的写作要求与注意问题

市场调查报告的写作，除了要符合一般应用文的写作要求之外，还应注意以下问题。

1. 有明确的调查目的

进行市场调查，到底是为了解决什么问题，这是首先需要搞清楚的。要对已了解或掌握的基本情况进行分析，明确要解决的核心问题，不能眉毛胡子一把抓。根据调查的目的，划定调查范围。

2. 调查和搜集材料要真实、准确和典型

市场调查需要用事实说话，前提是大量的市场材料。因此这些材料的真实性、准确

性、典型性对报告的质量起着关键性的影响。材料可以点面结合，但不能堆积，说明问题要突出重点。

3. 讲究方法，体现科学性

分析市场现状或预测市场趋势，不能简单地叙述材料，其结论必须建立在运用科学方法对材料的分析上。材料或数据的比较、事件本质的剖析、经验的归纳、理论的证明都是常用的分析方法。

4. 防止以偏概全，片面得出结论

从根本方法上来说，调查是归纳问题。因此，很容易因调查的范围和样本数量的限制得出片面结论。所以，要尽量以系统的观点整体地看待市场，要注意材料之间的内在联系，既要注意具有普遍性的问题，也要注意特殊性的问题，即将二者有机统一起来。

5. 要讲究时效，及时发挥作用

时效性是市场调查存在的前提。惟有迅速、及时地反映瞬息万变的市场，才能充分发挥其应有的作用；反之，所搜集资料或调查结果就会失效，甚至会产生负面效应。所以，在保证调查和预测的质量的同时，要讲究时效性。

七、市场调查报告的写作方法

市场调查报告属于调查报告，从写作角度看，其结构一般包括标题、正文、署名三部分。

1. 标题

常见的标题形式有公文式、文章式和新闻式。

（1）公文式。一般由作者、事由和文种三部分组成。作者一般可以省略，例如《关于当代青年消费问题的调查报告》。有的以正副标题的形式出现，例如《苦练内功——关于企业扭亏问题的调查报告》。

（2）文章式。不要求作者、事由和文种齐全，而根据内容的需要取舍，标题只要能够突出主题即可，例如《××火柴市场透视》《2002 年应届毕业生需求情况调查》。

（3）新闻式。这种标题类似新闻报道的标题，例如《加入 WTO——企业最关心什么》。

2. 正文

正文分为开头、主体、结尾三部分。

（1）开头，又称前言部分。这一部分是对调查问题的简要说明，包括调查的原因、时间、对象（地区、范围）、经过及方法（是普查还是随机抽查）等。其具体形式有说明式、议论式、结论式。

说明式也称为报道式，即用说明的方式，对调查时间、地点、对象、经过、方式进行简单介绍，使人对报告有一个总体印象。

议论式，即要将调查的中心问题提出来，并对该类问题的重要性以及问题的性质加以议论，以加深读者对该类问题的理解和重视。有关调查的时间、地点、对象、经过、方式暂不说明，而是随着后文的叙述予以说明。

结论式。把报告所取得的基本结论先在前言中提出来，使读者先获得对调查的本质性认识。

（2）主体。正文的核心部分，一般有以下三方面内容：①基本情况，这部分可按时间顺序进行表述，有历史的情况，有现实的情况，也可按问题的性质归纳成几个类别加以表述。无论如何表述，都要求如实反映调查对象。其经济运行的具体情况，要有调查数字，其表述可用叙述与图表相结合的方式；②分析或预测，即通过分析研究所收集的资料，预测市场发展的趋势。市场调查报告虽然不以预测为重点，但很多报告的资料分析，都暗含对市场前景的判断。市场预测报告通常在资料分析之后，即说明要采用什么方法预测，并给出公式和结论；③建议或措施。这是这类报告的落脚点，根据分析或预测得出的结论，思考相应对策，既要有针对性，又要有可行性。

（3）结尾。这是全文的结束部分。如写有前言，一般要有结尾，以照应开头，或重申观点，加深认识。这部分也可省略。

【随堂实践】

1. 市场调查报告的作用是什么？
2. 市场调查采用的方法是什么？
3. 利用节假日深入某商场或某个体户，就某种产品作一调查，写一份市场调查报告。
4. 写一份有关“合作企业”XC中央空调需求情况的调查报告。

【双语范例】

关于交通限行对车辆市场影响的调查报告

导言

近年来，随着生活水平的提高，越来越多的人钟情于轿车，在不断升温的购车热潮中，他们也都梦想成真。结果，越来越多的车挤进了本来就已拥挤不堪的街道，使得空气更加污浊，天空更加暗淡。北京市政府于去年的7月20日至9月20日实行了交通限行令，由于效果明显，今年该规定得以延续。那么这一规定将对北京的车辆市场产生什么影响呢？

调查方法

从去年8月10日到今年的4月10日，我们通过当面问答、电话采访、网上调查等方式对宾馆、商场、住宅区和写字楼里的人做了抽样调查，以检验该规定对车辆市场的影响。

发现

对年轻购车者的影响：调查结果显示有超过57%的年轻购车者暂时放弃了买车的计划。他们的理由是，限行意味着他们不能每天都有车开，这将给他们的生活带来很大的不便，因为他们中的大部分人要想买得起车就得住在远离市中心的地方（房价低）。

对中年车主的影响：调查结果显示，中年车主仍是私家车的主流群体，占到受访者的72.6%。对于单双号限行的举措，他们大都选择再买一辆车，不管是新车还是二手车，这样他们就能每天都有车开。

结论

从上述调查结果来看，我们禁不住要问："限行真的能限制路面上的车辆数量吗?"尽管年轻购车者暂缓了买车计划，但主流群体，即中年车主却选择再买一辆。因此，可以肯定地说，交通限行的举措对车辆市场的影响甚微。

Investigation Report of Traffic Restriction on the Vehicle Market

INTRODUCTION

As the living standard has been raised in recent years, more and more people show strong desires for cars and their dreams come true in the increasingly heated trend. As a result, more and more cars have nudged into the crowed streets and dragged us further away from the clean air and blue sky. Last year, from July 20 to September 20, the Municipal Government of Beijing first launched the regulation of traffic restriction, and as it took effect remarkably, this regulation is approved to continue for another period this year. What will this regulation impact the vehicle market here in Beijing?

METHODOLOGY

From August 10 last year till April 10 this year, we have been doing a sample investigation on the vehicle market, by face-to-face talk, through telephone interview and survey on-line, with people in hotels, shopping malls, living communities as well as office buildings to see what the impact is.

FINDINGS

The impact on younger car buyers: the survey result shows that more than 57% young car buyers give up the idea of buying cars for the time being. They argue that the traffic control means that they can't drive their cars to work everyday, which will cause a lot of inconveniences to their daily life since most of them have to buy houses quite far from the city center for the low price there, so as to be able to afford the car.

The impact on older-aged car owners: as the survey suggests, the older-aged car owners remain the mainstream of the private car holders, which accounts for 72.6% in the surveyed people. Most of them choose to buy another car, whether it's brand-new or second-hand, to deal with the odd-even alternate traffic restriction, that is, they can have a car to drive everyday.

CONCLUSIONS

From the above findings, we tend to ask "Can the restriction really restrict the number of cars on the street?" Although the younger cars buyers postpone their plan for cars, the majority, that is, the older-aged car owners choose to double their cars. Therefore, it's safe to come to the conclusion that the traffic restriction has little impact on the vehicle market.

——文章来自珠海国际商务语言学校官方网站

任务二 分析活动要定性　经济报告有数据

【任务综述】

2012年开始，国家房地产业进入低迷时期，空调行业受到连带性影响，合作企业董事长为了了解半年来公司的生产、经营、管理活动的情况，以便及时制订和调整经济决策，正确地指导经济活动，责成公司办公室人员，就公司半年来的经济状况制定一份综合性经济活动分析报告。

一、任务目标

1. 知识目标

（1）掌握经济活动分析报告的概念、特点、种类、写作格式和要求。

（2）了解经济活动分析报告与其他相似文体的异同。

2. 能力目标

能够以经济理论和经济政策为指导，以计划指标、会计核算、统计资料和通过调查所取得的有关资料为依据，写出企业财务分析报告、产品销售趋势分析报告、经济效益分析报告等相关经济活动分析报告。

二、任务实施

1. 教师由案例分析导入。让学生明确经济活动分析报告的写法。

2. 各组前往中大集团、双馨苑、皇明集团、德实化工集团、东海集团等单位调查一些会计核算资料。

3. 教师介绍相关的经济理论和政策。

4. 教师指导学生分析资料并写出分析报告。

5. 成果展示：

（1）SD压滤机销售趋势的分析报告。

（2）SD压滤机经济效益的分析报告。

【任务资讯】

一、经济活动分析报告的概念和特点

二、经济活动分析报告的种类和作用

三、经济活动分析报告与其他相似文体的比较

四、经济活动分析报告的写作要求

五、经济活动分析报告的写作方法

【资讯链接】

一、经济活动分析报告的概念和特点

1. 概念

经济活动分析报告是表述经济活动分析过程和结果的一种书面报告。其中经济活动是指人们从事物质资料的生产及相应的交换、分配和消费的活动。企业的经济活动是指企业的全部经营活动，包括企业的生产与再生产的全部过程。经济活动分析就是以经济理论和经济政策为指导，以计划指标、会计核算、统计资料和通过调查所取得的有关资料为依据，对某地区（或某行业某部门）的经济活动状况进行分析的行为，将这些分析过程和结果撰写出来就成了经济活动分析报告。

2. 特点

经济活动分析报告是以经济活动数据的分析说明为主要内容的书面报告。报告的关键在于分析说明，即对过去、现在的经济情况加以分析研究。

分析性。经济活动分析报告不仅要将各种数据进行定量、定性、定时的分析，找出各因素相互间的关系，而且还要从不同的侧面、角度对宏观和微观的、全面和局部的、有利和不利的因素进行深入的分析和比较说明，这样才能综合地反映出一个时期以来的经济、金融形势以及银行或工商企业的经营活动情况，因此，分析性是经济活动分析报告的主要特点。

说明性。报告中必须对所涉及的经济现象、特征、指标、数据等进行详细的说明，以此揭示经济活动的变化规律，为管理者提供决策的依据。

目的性。写分析报告的最终目的在于准确地指出经济活动存在的得失，从中寻找提高银行经济效益的最佳途径，使经济活动沿着正确的方向发展。

二、经济活动分析报告的种类和作用

1. 经济活动分析报告的种类

经济活动分析报告从不同的角度可分成不同的种类。

（1）按分析的时间划分。

①事前分析报告。事前分析报告也叫预测分析报告。在制定计划、对计划进行预测分析时，应充分考虑各种因素，对能否完成计划做出切合实际的准确判断。在分析的过程中，对完成计划的有利因素要心中有数，并促使其最大限度地发挥作用，对影响计划完成的薄弱环节和关键问题，要提出有针对性的改进措施。

②事中分析报告。事中分析报告就是在计划的执行过程中经常对各项指标的完成情况进行分析研究，通过分析及时了解并掌握经济活动变化和进展情况，及时总结经验，发现问题，从而保证经济活动正常顺利地进行。

③事后分析报告。在年度或计划期结束后，通常对上一年度或上一计划期的工作进行总结分析。

（2）按金融业务的性质划分。

①经济、金融形势的分析报告。经济、金融形势的分析报告就是对某一地区某一时期的经济、金融形势进行简析，反映出工农业生产成效、市场动态、消费变化、现金信贷计划执行情况等，着重从统计数据中说明趋势变化工作的开展确定经营策略和方向。

②工商企业的经济活动分析报告。工商企业的经济活动分析报告，就是银行对工商、乡镇等企业生产经营、商业流通以及资金活动情况进行分析后写成的报告。一般可以对一定时期内企业各项重要经济指标完成的情况以及经营管理的全面情况进行综合分析，也可以对企业生产经营管理中的突出问题进行重点分析。例如对企业资金运用情况的分析、对企业业绩状况的分析、对企业产成品资金的分析等。

③银行资金活动的分析报告。银行资金活动分析报告源和资金营运情况的分析报告。大多是定期分析，如月份、季度、年度的现金、信贷计划执行情况的分析报告、银行资金营运情况的分析报告等。如果是专题分析报告，则是对中心工作中出现的问题进行分析而写的报告，多为不定期的报告，如逾期贷款的分析报告、城镇储蓄存款的分析报告等。

④银行财务状况的分析报告。银行财务状况分析报告，就是评价银行财务收支计划的执行情况、考核银行的业务经营成果、分析财务收支和损益情况的报告。一般在年中、年末写，有时在月末、季度末也要写分析报告或简要分析报。

（3）按内容涉及的范围划分。

①宏观分析报告。从大的国内外形势入手，对大的经济环境进行分析。

②微观分析报告。从某个现象入手，对某个行业进行分析。

2. 经济活动分析报告的作用

（1）总结经验，提高管理水平。

（2）了解情况，加强法制，更好地发挥政府职能部门的作用。

（3）掌握规律，预测未来，有助于正确决策。

三、经济活动分析报告与其他相似文体的比较

1. 与市场调查报告的比较

（1）周期性不同。经济活动分析报告的周期短，属于定期报告，在月末、季末、年末或是在某一项目结束时及时作出分析；而市场调查报告具有报道性，在市场变化和企业内部出现新问题、新矛盾时，要随时进行市场调查，在时间上是不定期的。

（2）涉及范围不同。经济活动分析报告大多属于专题性报告，主要是针对各项指标的执行情况所做的报告，如根据计划、成本、销售、广告效果等作出的分析；而市场调查报告所涉及的范围要广泛得多，可以是市场出现的任何现象。

（3）表述形式有所不同。经济活动分析报告多以数据与表格相结合的方式进行分析，大多使用历史数据和市场调查资料，采用数学、统计方法进行专业分析，简单明了地将问题加以说明即可，一般无须过长叙述；市场调查报告的文体形式虽然也有相关数据，也要加以分析，但表现形式则可以更灵活、更多样，在表达方式上以叙述为主。

2. 与市场预测报告的比较

二者分析对象有差异，经济活动分析报告侧重对过去和现在的经济活动的分析，而

市场预测报告则侧重于对市场未来进行预测。

四、经济活动分析报告的写作要求

经济活动分析报告在写作中除了要符合应用文的一般要求外，还需要注意以下问题。

（1）宏观分析与微观分析相结合。撰写经济活动分析报告，首先要有宏观观念，即对国家的经济政策、相关法规、国内外经济形势的大背景要有一定认识，之后，再从微观经济入手。这样才能认清本地区或本部门的经济形势，避免分析的片面性和局限性。

（2）面上材料与调查相结合。这两种材料相结合，可以从比较中发现问题，容易找到微观管理的症结，进而提出改善管理的对策。

（3）数字说明与文字说明相结合。经济活动问题要凭数字说话，比较多地运用相对数、绝对数、平均数和百分比。说明时，既要注意数字的准确性和科学性，更要注意以简要的文字说明它。二者的结合，可以使人明白数字的来龙去脉，也可化枯燥的数字为可感觉的具体事物。

五、经济活动分析报告的写作方法

经济活动分析报告的基本结构是标题、正文、落款。

1. 标题

（1）公文式。这类标题一般由单位名称、事由、内容和文种四部分组成，也可以根据具体情况省去其中的一两项，例如《××公司××××年度财务状况分析报告》《2014 年度现金流量分析报告》。

（2）论点式。标题本身就可以反映分析问题的要点或突出主题，为强调说明也可以加上副标题，如《原油价格变动因素分析》《加速流动资金周转——对企业结算方式的分析》。

2. 正文

正文无固定格式，一般包括前言和主体两部分。

（1）前言。一般是介绍分析对象的基本情况，有时也介绍分析方法，交代背景，提出分析的内容和范围。前言的主要作用是为主体部分的写作和分析做好导引。其写法可根据需要选择，有提问式、结论式、对比式、评论式等。并非所有的经济活动分析报告都要有前言，在写作时可以舍弃前言而直述主体，但应注意在主体中要体现前言中应介绍的问题。

（2）主体。主体是分析报告的主要部分，是全文的精髓所在，应从分析问题的要求和目的出发，利用数据及资料进行分析，从而得出正确的结论。主体通常由情况介绍、分析和建议三部分组成。

首先，无论是什么类型的分析报告，正文开头部分都应对具体情况进行介绍，如财务指标完成情况、生产计划执行情况、产品质量达标情况等，为后面的分析做好充分的准备。

其次，要分析现状，评价经济效益。经济活动分析报告的核心部分是将经济活动中出现的差异、矛盾进行比较说明，要找出关键性、规律性问题。分析时可由点及面进行，既要分析成绩，又要暴露问题；既要找出主要原因，又要进行其他因素分析。例如，在分析企业成本高的现象时，就不能仅仅归咎于原材料的涨价、人工费的增加，还应该从材料利用率、劳动生产率、工艺改进水平等管理角度进行分析。

最后，要提出建议。应针对分析中所发现的问题，提出改进企业经营管理、提高经济效益的建议或措施。这部分内容在写作时应注意：建议要具体，措施要切实可行。

3. 落款

报告的最后要有落款，标明撰写经济活动分析报告的作者或单位，注明写作日期，以备查考。如果标题下已具备，就不必再写。

【随堂实践】

1. 经济活动分析报告具有什么特点？
2. 经济活动分析报告的正文一般包括哪几个部分？其主体部分的写作思路（基本结构）是什么？
3. 分析班费或团费的使用情况，写一份分析报告。
4. SD 压滤机销售趋势的分析报告。
5. SD 压滤机经济效益的分析报告。

【双语范例】

中国房地产现状与趋势评估

纵观整个中国房地产市场，随着经济的发展，中国房价一直在涨，不过在2007年以前涨幅不大，房价开始飙升是在2007年以后，到了2009年，政府为了摆脱美国次贷危机影响，推行了宽松的信贷政策，这大大刺激了房地产市场的发展，房地产开始走向泡沫化。除了国家政策，大众的思想也是房价居高不下的一个重要因素。在中国传统的社会观里面，要有一个稳定的居所才会有一段稳定的婚姻，从而演变成了今天的买一套房成为了结婚的首要条件，也正是因为这种观念，使得购房需求几乎没有了弹性。

从2010年开始，国家出台了一系列调控措施，称为“国十条”，但是并没有对房价的下降起到太大的作用。2011年，房地产业的泡沫已巨大无比，随时都有破灭的可能，中央推出了八条房地产市场调控措施。备受期待的“新国八条”政策出台以后，全国楼市并没有像想象中的那样受到控制。

我认为，未来两三年房价不可能再上升，但是也不会狂降，应该是处于一种稳中有降的态势，每个地区降幅可能会不太一样，降幅最大的也就是15%左右。因为目前而言房地产业依然是国民经济的一个支柱性产业，如果房地产市场大跌，那么经济增速就将会放缓，可能会引起社会的不稳定，而且房地产业关系到一系列产业链的发展和大批工人的就业问题，如果大跌，社会经济颓废将是必然的。个人认为，最有可能的是房地产价格略有下降，地方政府限购政策会放宽一点，交易量上升一些，再降下来再微调，这是一个政府与房地产商博弈的过程。

The Status of the Real Estate and Trend Assessment of China

Throughout the real estate market, along with the economic development, China's housing prices have been rising, but little increase before the year 2007, prices began to soar after the year 2007, in the year 2009, in order to get rid of United States subprime mortgage crisis, the government implemented easy credit policy, which greatly stimulated the development of the real estate market, real estate started to bubble. In addition to national policies, popular thought is also an important factor in the control of high prices. In the traditional social view of China, to have a stable residence will have a stable marriage, which evolved into today's buying a house becomes the first sufficient condition for marriage, and because of this, it makes the purchase demand has little elasticity.

Starting from 2010, the State issued a series of regulations, known as the "The State Council's No. 10 National Notice", but did not play much role in the fall in house prices. In 2011, the real estate bubble has blown huge, burst may come at any time, the central government has released eight measures to regulate the real estate market in the middle. After the introduction of the much-anticipated "Eight Control Regulations on House Prices" policy, the property market was not, as expected, under control.

I think, in the next two or three years, house prices may not be rising again, but will not decrease promptly, and should be a steady decreasing trend, each region may decline differently, the most estimate is about 15%. Because the real estate industry for the moment continues to be a pillar industry of the national economy, if the real estate market slumped, then there would be a slowdown in economic growth, which could cause social instability. The real estate industry relates a series of industry development and employment for large numbers of workers, if dropped, decadent social economy would be inevitable. Personally I think the most possibility is a slight decline in real estate prices, local government's purchase policies should be relaxed a little, trading volumes rose, and then down and then fine tune, this is a process of government and the real estate game.

——文章来自百度文库

任务三 审计要全面　报告需权威

【任务综述】

2015 年 10 月，为了充分利用资源，优势互补，增强企业整体的竞争能力，“合作企业”集团审计部准备进行一年一度的内部审计工作。得知消息，德州职业技术学院经济管理系派出学生随审计主管一起去集团公司及分公司对他们的财务计划、预算执行、财务决算、财务收支及其他有关的经济活动进行审计。

任务：要求学生根据审计情况，写出审计报告。

一、任务目标

1. 知识目标

（1）了解审计报告的概念、特点、种类和作用。

（2）掌握审计报告的写法和要求。

2. 能力目标

能够针对某单位的财务状况（如资产、资金使用等）、经营成果（如经济效益等）以及财经法纪遵守的情况做出正确的评价。

二、任务实施

1. 教师给出“合作企业”的相关会计资料。

2. 把调查到的相关资料进行整理分析，写出有关“合作企业”的资产、经济效益、所有权权益审计报告。

3. 成果展示：“合作企业”的资产审计报告、资金使用情况审计报告。

【任务资讯】

一、审计报告的概念和特点

二、审计报告的种类

三、审计报告的作用

四、审计报告的写作要求

五、审计报告的写作方法

【资讯链接】

一、审计报告的概念和特点

1. 审计报告的概念

审计报告是反映被审计单位的财务状况、经营成果及财经法纪遵守情况等方面的书面报告。

审计是由国家独立的专门机构和人员依法对被审计单位的财务状况、经营成果及财经法纪遵守情况等方面所进行的监督活动，是综合评价被审计单位财务的真实性、合法性和效益性的活动。审计工作一般由上级财务主管部门、审计部门或委托的会计师事务所担当。

2. 审计报告的特点

审计报告是经济监督活动的书面报告，有以下特点。

（1）独立性。审计活动的整个过程都受法律保护，独立于被审计部门，不受其制约与影响。因此审计报告可依据相关的国家政策、法律法规，独立地对被审计对象作出结论或提出意见，保证审计报告的可信度。

（2）权威性。审计报告是法律规定的专门机构依法对被审计单位作出的评价报告。其结论和决定在一定的权限内具有法律权威性和强制性，被审计单位必须按规定执行，对拒不执行审计结论和决定的，可依法给予相应的制裁。

（3）总结性。审计报告是对审计完成情况和审核结果的总结，既包括对被审计单位的财务情况、工作作风等情况进行全面评价总结，也包括对自身审计工作质量进行总结。

（4）答复性。审计者将针对委托单位的要求审计有关情况，并根据审计要求对有关问题进行必要的答复。

（5）公证性。审计机关是执法机关，审计报告中所调查的情况、作出的决定，都具有公证的性质。因此，撰写审计报告必须实事求是、依法办事，以保证审计工作的公证性。

二、审计报告的种类

从不同的角度划分，可以将审计报告分为不同的种类。

（1）按审计的内容划分，可分为财务审计报告、财经法纪审计报告和经济效益审计报告。

财务审计报告是证明性审计报告。财务审计的范围包括被审计单位的财务凭证、账簿、报表及有关资料，财务收支状况，财务处理状况。目的是确定这些资料是否真实、准确、可靠，财务收支是否合法，财务处理是否符合财务会计制度。

财经法纪审计报告是专案性审计报告。财经法纪审计一般由审计、财政、银行、税务等部门或该单位主管部门实施，依据国家法律法规、财经纪律对被审计单位或个人的遵纪守法情况进行评审。其目的是揭露违法犯罪行为，提出处理意见。该类报告也是经济犯罪的查证材料，在司法量刑时具有证明作用。

经济效益审计报告是反映和评价被审计单位是否降低消耗而获得最大劳动成果的报告。其侧重点在于对被审计单位的工作提出建议和措施。

（2）按审计的范围来分，可分为综合审计报告和专项审计报告。

（3）按审计的时间划分，可分为定期审计报告和不定期审计报告。

（4）按审计的执行人隶属关系来分，可分为外部审计报告、部门审计报告和内部审计报告。

三、审计报告的作用

（1）审计是监督财务和经营活动的重要手段。审计报告通过审计活动对财务部门或经营管理部门的财务状况和经济活动的合法性起到了监督作用。

（2）审计是了解真实情况的必要手段。审计报告使上级单位真实地了解受审单位的财务和经济效益状况，为其处理有关问题提供了依据或凭证。

四、审计报告的写作要求

1. 掌握政策，精通业务

编写审计报告是一项政策性很强的工作，撰写人员必须掌握国家的有关政策、法规和财经纪律，还必须熟悉各行各业的会计制度和会计方法，具备较高的业务水平，有较丰富的财务会计工作经验和审计工作经验。

2. 材料确凿，结论正确

结论的正确源于材料的确凿。审计过程中的会计凭证、账目、报表，必须确凿无误，反复核实数据，以求使审计意见、审计结论符合客观实际。如果目的是为了查清某个对象是否贪污，就必须用事实、用凭证来证明其采用了什么手段，贪污了多少等。以事实说话，才能够使审计报告的公正性得以体现。

3. 表述准确，把握分寸

陈述事实要准确，数据要精确。依据的政策法规要明确肯定，不能似是而非，更不能有丝毫差错。处理意见要具体明白，宽严适度。特别是结论性的语句、关键性的词语，一定要字斟句酌，准确运用。

五、审计报告的写作方法

审计报告在长期的使用过程中形成了较为固定的格式，通常由标题、主送单位、正文、结尾、落款和附件等部分组成。

1. 标题

标题结构包括审计机关、被审计单位名称、审计内容和文种，如《××市审计局关于××公司××情况的审计报告》，有的在标题中省略审计机关，只标明被审计单位、内容和文种，如《关于××公司资产负债表的审计报告》，也有直接用“审计报告”作标题的。

2. 主送单位

主送单位即交办单位或委办单位的名称，相当于书信的开头称呼，顶格写，后边以冒号引领正文。

3. 正文

正文是审计报告的中心和主干，一般包括开头、主体、结尾三个部分。

（1）开头。根据《中华人民共和国审计条例实施细则》第28条的规定，在开头应当撰写“审计的内容、范围、依据、时间及有关情况的概括情况”。

（2）主体。根据《中华人民共和国审计条例实施细则》第28条的规定，主体应重点撰写“与审计事项有关的事实”“依据的法律、法规、政策的规定”“初步结论，处理意见和建议”。

（3）结尾

运用公文习惯用语，如“特此报告”“以上意见妥当否，请审批”等。

4. 落款

落款在正文结尾的右下方，凡参加审计的人员，都要签名盖章，以示负责。日期习惯在具名下行书写。日期书写要完整，年、月、日俱全，以备查考。

5. 附件

附件是附在审计报告之后的详细报表或其他文件。如被审计单位的会计报表、有关人员的证词、调查笔录及其他凭据等。此处只写附件的名称和数量，在日期的下一行顶格写。

【随堂实践】

1. 什么是审计？审计报告分类的依据有哪几种？

2. 简答题

A 注册会计师作为 ABC 会计师事务所审计项目负责人，在审计以下单位 2009 年度财务报表时分别遇到以下情况：

（1）甲公司拥有一项长期股权投资，账面价值 500 万元，持股比例 30%。2009 年 12 月 31 日，甲公司与 K 公司签署投资转让协议，拟以 350 万元的价格转让该项长期股权投资，已收到价款 300 万元，但尚未办理产权过户手续，甲公司以该项长期股权投资正在转让之中为由，不再计提减值准备。

（2）乙公司于 2008 年 5 月为 L 公司 1 年期银行借款 1 000 万元提供担保，因 L 公司不能及时偿还，银行于 2009 年 11 月向法院提起诉讼，要求乙公司承担连带清偿责任。2009 年 12 月 31 日，乙公司在咨询律师后，根据 L 公司的财务状况，计提了 500 万元的预计负债。对上述预计负债，乙公司已在财务报表附注中进行了适当披露。截至审计工作完成日，法院未对该项诉讼作出判决。

（3）丙公司于 2009 年 11 月 20 日发现，2007 年漏记固定资产折旧费用 200 万元。丙公司在编制 2009 年度财务报表时，对此项会计差错予以更正，追溯重述了相关财务报表项目，并在财务报表附注中进行了适当披露。

（4）丁公司于 2009 年末更换了大股东，并成立了新的董事会，继任法定代表人以“刚上任不了解以前年度情况”为由，拒绝签署 2009 年度已审财务报表和提供管理层声明书。原法定代表人以不再继续履行职责为由，也拒绝签署 2009 年度已审计财务报表和提供的管理层声明书。要求：假定上述情况对各被审计单位 2009 年度财务报表的影响都是重要的，且各被审计单位均拒绝接受 A 注册会计师提出的审计处理建议（如有）。

在不考虑其他因素影响的前提下，请分别针对上述 4 种情况，判断 A 注册会计师应对 2009 年度财务报表出具何种类型的审计报告，并简要说明理由。

3. 通过实地调查完成“合作企业”的资产审计报告、资金使用情况审计报告。

【双语范例】

山东 × × 联合会计师事务所

审 计 报 告

鲁 × × 审字（20 × ×）第 00 × × 号

× × 铸造有限公司：

我们审计了后附的 × × 铸造有限公司（以下简称贵公司）财务报表，包括 2006 年 12 月 31 日的资产负债表，2006 年度的利润表以及财务报表附注。

一、管理层对财务报表的责任

按照企业会计准则和《企业会计制度》的规定编制财务报表是贵公司管理层的责任。这种责任包括：（1）设计、实施和维护与财务报表编制相关的内部控制，以使财务报表不存在由于舞弊或错误而导致的重大错报；（2）选择和运用恰当的会计政策；（3）作出合理的会计估计。

二、审计人员的责任

我们的责任是在实施审计工作的基础上对财务报表发表审计意见。我们按照《中国注册会计师审计准则》的规定执行了审计工作。《中国注册会计师审计准则》要求我们遵守职业道德规范，计划和实施审计工作以对财务报表是否存在重大错报获取合理保证。

审计工作涉及实施审计程序，以获取有关财务报表金额和披露的审计证据。选择的审计程序取决于注册会计师的判断，包括对由于舞弊或错报导致的财务报表重大错报风险的评估。在进行风险评估时，我们考虑与财务报表编制相关的内部控制，以设计恰当的审计程序，但目的并非对内部控制的有效性发表意见。审计工作还包括评价管理层选用会计政策的恰当性和作出会计估计的合理性，以及评价财务报表的总体列报。

我们相信，我们获取的审计证据是充分、适当的，为发表审计意见提供了基础。

三、审计意见

我们认为，贵公司财务报表已经按照企业会计准则和《企业会计制度》的规定编制，在所有重大方面公允反映了贵公司 2006 年 12 月 31 日的财务状况以及 2006 年度的经营成果。

此报告中、英文各一份，两者若有差异，以中文为准。

山东××联合会计师事务所

注册会计师

二〇××年七月十日

Shandong ＊＊ Unite Accountant Office

AUDITOR'S REPORT

Lu ＊＊（20＊＊）Audit No. 00＊＊

To ＊＊ foundry Co.，Ltd：

We have audited the accompanying balance sheet of ＊＊ foundry Co.，Ltd（the "Company"）as of Dec. 31，2006，and the related consolidated income statement for the 2006 then ended，and a summary of significant accounting policies and other explanatory notes.

1. Management's Responsibility for the Financial Statements

The management is responsible for the preparation and fair presentation of these financial statements in accordance with the *Accounting Standards for Business Enterprises* and *China Accounting System for Business Enterprises*. This responsibility includes：（i）Designing， implementing and maintaining internal control relevant to the preparation and fair presentation of financial statements that are free from material misstatement, whether due to fraud or error; (ii) Selecting and applying appropriate accounting policies; (iii) Making accounting estimates that are reasonable in the circumstances.

2. Auditor's Responsibility

Our responsibility is to express an opinion on these financial statements based on our audit. We conducted our audit in accordance with the *Standards on Auditing for Certified Public Accountants*. Those standards require that we comply with ethical requirements and plan and perform the audit to obtain reasonable assurance whether the financial statements are free from material misstatement.

An audit involves performing procedures to obtain audit evidence about the amounts and disclosures in the financial statements. The procedures selected depend on the auditor's judgment, including the assessment of the risks of material misstatement of the financial statements, whether due to fraud or error. In making those risk assessments the auditor considers internal control relevant to the entity's preparation and fair presentation of the financial statements in order to design audit procedures that are appropriate in the circumstances, but not for the purpose of expressing an opinion on the effectiveness of the entity's internal control. An audit also includes evaluating the appropriateness of accounting policies used and the reasonableness of accounting estimates made by management, as well as evaluating the overall presentation of the financial statements.

We believe that the audit evidence we have obtained is sufficient and appropriate to provide a basis for our audit opinion.

3. Opinion

In our opinion, the financial statements give a true and fair view of the financial position of the Company as of Dec. 31, 20 * *, and of its financial performance for the 20 * * years then ended in accordance with the *Accounting Standards for Business Enterprises* and *China Accounting System for Business Enterprises*.

The report was made by Chinese and English. If the two files differ, the standard will be Chinese.

Shandong * * Unite Accountant Office
Certified Public Accountant:
Date: Jul. 10, 20 * *

任务四 选择对象要招标 承揽自荐需投标

【任务综述】

德州职业技术学院选择了一家专门从事中央空调研发、生产、销售、工程安装、技术服务为一体的现代化高科技中外合资企业，此企业汇聚了世界顶级中央空调生产设备，建有国际领先的中央空调生产流水线，具备年产30万套中央空调系列产品的巨大产能，配备了行业最先进的氦检漏和无损探伤设备，拥有5条国家级中央空调产品检测系统，并取得了国家机电设备一级安装资质。该公司不断转型升级，在新能源中央空调领域，成功开发出了更加高效节能的水（地）源热泵、空气源热泵、太阳能——空气源复合热泵等系列中央空调机组。

任务：为该公司“中央空调机组”系列拳头产品做区域营销投、招标设计活动。

一、任务目标

1. 知识目标

（1）了解《中华人民共和国合同法》（以下简称《合同法》）的基本原则、投标招标书的含义、招投标的基本程序。

（2）掌握投标书、招标书的写作方法。

2. 能力目标

能够依据《合同法》按程序完成投标招标文书的制作。

二、任务实施

1. 分组。

2. 熟悉《合同法》的基本原则。

3. 掌握投招标的基本程序。

4. 案例分析。

5. 制作投标书和招标书，比如雨罩棚的招标文书、WER生产线的招标文书、公司电脑100台招标文书等。

6. 成果展示：

（1）代“合作企业”就WER生产线事项完成招标书。

（2）以“××公司”的名义就“合作企业”关于100台电脑招标事项完成投标书。

（3）为公司“中央空调机组”系列拳头产品做的区域营销投、招标文书。

【任务资讯】

一、《中华人民共和国合同法》的基本原则

二、招标书和投标书的含义

三、招投标的基本程序

四、常用招标投标文书

五、招标书的写作

六、投标书的写作

【资讯链接】

一、《中华人民共和国合同法》的基本原则

1. 平等、自愿原则

《中华人民共和国合同法》（以下简称《合同法》）的平等原则指当事人的民事法律地位平等，一方不得将自己的意志强加给另一方。平等原则是民事法律的基本原则，是区别行政法律、刑事法律的重要特征，也是《合同法》其他原则赖以存在的基础。《合同法》的自愿原则，既表现在当事人之间，因一方欺诈、胁迫订立的合同无效或者可以撤销，也表现在合同当事人与其他人之间，任何单位和个人不得非法干预。自愿原则是法律赋予的，同时也受到其他法律规定的限制，是在法律规定范围内的“自愿”。法律的限制主要有两方面。一是实体法的规定，有的法律规定某些物品不得买卖，比如毒品；《合同法》明确规定损害社会公共利益的合同无效，对此当事人不能“自愿”认为有效；国家根据需要下达指令性任务或者国家订货任务的，有关法人、其他组织之间应当依照有关法律、行政法规规定的权利和义务订立合同，不能“自愿”不订立。法律限制的另一方面是程序法的规定。有的法律规定当事人订立某类合同，需经批准；转移某类财产，主要是不动产，应当办理登记手续。那么，当事人依照有关法律规定，应当办理批准、登记等手续，不能“自愿”地不去办理。

2. 公平、诚实信用原则

《合同法》第5条规定，当事人应当遵循公平原则确定各方的权利和义务。这里讲的公平，既表现在订立合同时的公平，显失公平的合同可以撤销；也表现在发生合同纠纷时公平处理，既要切实保护守约方的合法利益，也不能使违约方因较小的过失承担过重的责任；还表现在极个别的情况下，因客观形势发生异常变化，履行合同使当事人之间的利益重大失衡，公平地调整当事人之间的利益。诚实信用主要包括三层含义：一是诚实，要表里如一，因欺诈订立的合同无效或者可以撤销；二是守信，要言行一致，不能反复无常，也不能口惠而实不至；三是从当事人协商合同条款时起，就处于特殊的合作关系中，当事人应当恪守商业道德，履行相互协助、通知、保密等义务。

随着社会的发展，公平诚实信用原则在《合同法》的适用面愈来愈宽。有人认为，按照恪守商业道德的要求，诚实信用原则包含公平的意思。除合同履行时应当遵循诚实信用原则以外，《合同法》规定诚实信用还适用于订立合同阶段，即前契约阶段，也适用合同终止后的特定情况，即后契约阶段。《合同法》第42条规定，当事人订立合同过

程中有下列情形之一，给对方造成损失的，应当承担损害赔偿责任：①假借订立合同，进行恶意磋商；②故意隐瞒与订立合同有关的重要事实或者提供虚假情况；③有其他违背诚实信用原则的行为。

3. 遵守法律、不得损害社会公共利益原则

《合同法》第7条规定，当事人订立、履行合同，应当遵守法律、行政法规，尊重社会公德，不得扰乱社会经济秩序，损害社会公共利益。该条规定集中表明两层含义，一是遵守法律（包括行政法规），二是不得损害社会公共利益。遵守法律，主要指的是遵守法律的强制性规定。法律的强制性规定，基本上涉及的是社会公共利益，一般都纳入行政法律关系或者刑事法律关系。不得损害社会公共利益，主要是不得违反公共政策或者不得损害公序良俗的规定。

4. 合同具有法律约束力的原则

《合同法》第8条规定，依法成立的合同，对当事人具有法律约束力。当事人应当按照约定履行自己的义务，不得擅自变更或者解除合同。合同具有法律约束力，首先是对当事人说的。当事人订立合同后，应当履行自己的义务，如果违反约定，应当承担违约责任。合同具有法律约束力，也是对行政机关说的。行政机关不得干涉当事人依法订立的合同，不得违法变更甚至撕毁当事人订立的合同。合同具有法律约束力，也是对审判机关说的。审判机关应当像遵守法律一样保护当事人依法订立的合同。《合同法》的基本原则主要有两大作用，第一个作用是指导作用，《合同法》的基本原则指导立法工作者如何制订各项规定，对审判人员如何使用《合同法》也起着指导作用。第二个作用是补充作用，对《合同法》的某个问题，法律缺乏具体规定时，当事人可以根据基本原则来确定，审判机关可以根据基本原则解决纠纷。基本原则不是虚无缥缈的，法律的各项制度、各项规定，都闪耀着基本原则的光辉，都是基本原则的具体化。当然，基本原则的内容不是一成不变的，它将随着经济的发展、法律的完备而不断丰富。

二、招标书和投标书的含义

招标人在进行某项科学研究、技术攻关、工程建设、合作经营业务或大批物资交易之前，所发布的用以公布项目内容及其要求、标准和条件，以期择优选择承包对象的文书叫招标书。

投标人按照招标书的要求，提出应标能力和条件，投送到给招标单位的文字材料叫投标书。

三、招投标的基本程序

招标程序：成立招标机构（或委托招标代理公司）——到监管机构办理登记手续——到媒体发布招标信息——编制招标文件——报名登记——通知投标单位购买资格预审文件——资格预审——出售招标文件——现场勘察——投标答疑——开标、评标、定标——发中标通知书——签订合同。

投标程序：投标报名——购买资格预审文件——编制资格预审书——参加资格预审——购买招标文件——参加招标人组织的现场勘察——仔细研究招标文件，有疑问用

书面形式及时反馈给招标人——领取招标答疑文件——编制投标文件——在投标截止时间前将密封的投标文件送到指定的地点参加开标

四、常用招投标文书

招标公告（或广告、通告）　招标通知书　投标申请书

五、招标书的写作

1. 标题

招标书标题格式为“招标单位 + 招标项目 + 文种”。

2. 正文

（1）前言。招标的缘由和根据、招标项目资金来源、招标范围等。

（2）招标项目。全面具体写出标的的情况，以便投标者作出判断和选择。

（3）招标步骤。招标工作的安排，包括发售和开标的时间、地点和方式等。

（4）结尾。主要是招标单位的联系方式，如地址、邮编、电话、传真、联系人等。

六、投标书的写作

1. 标题

投标书标题通常只写文种，即“投标书”或“投标申请书”。

2. 抬头

顶格写招标单位的名称。

3. 正文

正文主要是表明投标人的态度及能力。

（1）介绍投标单位的技术力量和设备条件

（2）完成落实标的的实施方法

（3）总工期及安排

（4）造价和各项费用预算

4. 落款署名和日期

5. 投标函格式

（1）投标人应完整地填写招标文件中提供的投标函格式和投标报价表，说明所提供的、货物简介、来源、数量及价格。

（2）为便于给予国内优惠，投标书将分为以下三类：

①投标书提供的货物在买方本国制造，其中来自于买方本国劳务、原材料、部件的费用占出厂价的百分之三十（30%）以上；制造和组装该货物的生产设施至少从递交投标书之日起已开始制造或组装该类货物。

②所有其他的从买方本国供货的投标。

③提供要由买方从国外直接进口或通过卖方的当地代理进口的外国货物。

为了便于买方进行以上分类，投标人应填写招标文件中提供的相应组别的投标报价表，如果投标人填写的投标报价表不是相应组别的投标报价表，其投标书不会被拒绝，但是买方将把其投标书归入相应类别的投标组别中。

【随堂实践】

1. 《合同法》的基本原则是什么？
2. 招投标的基本程序如何？
3. 根据下述材料，拟写一份招标公告

某某职业技术学院对南校区学生公寓物业管理权进行公开招标，选定物业管理单位对南区学生公寓物业进行管理。管理范围包括：学生公寓（3～14层）28776.5平方米；周边道路、运动场6704平方米；绿化面积1171平方米。招标内容按招标单位提供的《招标文件》。凡达到市物业管理三级以上资质的物业管理公司或高校后勤服务公司（集团）均可参加投标。

4. 代“合作企业”就WER生产线事项完成招标书。
5. 以“××公司”的名义就“合作企业”关于100台电脑招标事项完成投标书。
6. 为合作企业“中央空调机组”系列拳头产品做的区域营销投、招标文书。

【双语范例】

建设工程招标公告

日期：__________

贷款号：__________

合同号：__________

__________（借方名称）已经从亚洲开发银行（以下简称“ADB”）申请到一笔以多种货币支付的贷款，准备用于__________项目的建设，贷款中的一部分将用于支付符合合同条款下__________货物（货物简要说明）（以下简称“货物”）的采购。

__________（买方名称）现邀ADB成员国中合格的投标者就此项目所需货物的供应进行密封投标。

对此投标感兴趣的投标者请按下述地址提交一份书面申请并交清__________（款额）的款项后即可买到一套完整的招标文件，售款概不退还。（标书发放机构通讯地）

所有的投标文件必须按投标须知中所规定的时间，于__________（时间）前收到，其中必须包括占投标总价百分之二（2%）或标书中规定的比率数额的投标保证金或银行保函。公开开标将在收到投标文件后马上开始。

__________（买方名称）对投标者在投标中所发生的一切费用不负任何责任。

招标者名称：

地址：

电话：

INVITATION FOR BIDS

Date: ____________

Loan No. : ____________

Contract No. : ____________

The ________ (Name of Borrower) has received a loan from the Asian Development Bank ("ADB") in various currencies towards the cost of ________ (Name of Project), and it is intended that part of the proceeds of this loan will be applied to eligible payments under the contract for ________ (Brief Description of the Goods) (the "Goods") .

The ________ (Name of Purchaser) now invites sealed bids from eligible bidders from member countries of ADB for the supply of the Goods for the purposes of the Project.

A complete set of bidding documents may be purchased by any interested eligible bidder on the submission of a written application to the above address and upon payment of a nonrefundable fee of ____________ (amount). (Mailing Address of Issuance of Bidding Documents)

All bids must be accompanied by a bid bond or bank guarantee of two percent (2%) of total bid price or stated fixed amount, and must be delivered in accordance with the Instructions to Bidders on or before ________ (Hours) on ________ (Date), and will be publicly opened immediately thereafter.

________ (Name of Purchaser) will not be responsible for any costs or expenses incurred by bidders in connection with the preparation or delivery of bids.

Name Purchase:

Address:

Tel:

——来自百度文库

任务五 运筹经济看新闻

【任务综述】

财经新闻报道"主要针对的是资本市场的报道，涵盖宏观经济、微观经济、货币、银行、金融产品等"，具有很强的专业性。不同于消遣用的时尚八卦新闻，大众需要依凭财经新闻提供的信息来判断经济现象、做出经济决策。因此，财经新闻报道是很严肃的。但是，财经新闻报道的专业性、严肃性导致其可读性降低。解决这一问题的根本在于使财经新闻报道情境化，而使财经新闻报道情境化的有效途径有合理使用刻画、预测、类比、对比等技巧。

“合作企业”是一家专门从事中央空调研发、生产、销售、工程安装、技术服务为一体的现代化高科技企业。技术创新和管理创新是公司快速稳健发展的动力。公司建有省级中央空调研究院，形成了科学合理、富有活力的创新研发机制，拥有经验丰富的研发团队，实现了人才培养和人才引进相结合的发展模式，强化了与国内外高校、科研院所协作的多元创新机制，是天津大学研究生院、山东建筑大学、天津商业大学等知名院校的实践教学基地。2008 年以来，公司研发的新技术共荣获国家专利 30 余项，并有三项产品被列入国家火炬计划，有多项节能空调产品获得山东名牌。其产品也先后被评为中国优秀民族品牌、中国地源热泵主机生产十强、中国地源热泵十大领军品牌、2013 年度十大中央空调品牌等称号。

关注自然与社会的和谐发展，致力于改善人们生活环境，共同创建美好家园是企业的使命。合作公司始终追求完美产品品质，努力为客户提供环保节能、性能卓越的中央空调系列产品。现在，合作公司新开发的代表节能降耗新水平的降膜式地源热泵机组、离心机组、降膜式风冷螺杆机组，优于国家标准、处于行业领先水平的 7 系列风机盘管产品，以及达到国家政府采购标准、控制在二级能耗标准之内的 130 风冷模块热泵机组等系列产品已畅销海内外，目前在全球范围内已拥有了 3 万余个样板工程，为将近 8000 万民众提供优质服务，同时每年减少 CO_2 排放近百万吨，社会效益显著。“合作企业”已经成为低碳环保和节能减排政策的优秀执行者、宣传者。

面向未来，“合作企业”将继续秉承“共创美好家园”的经营理念，不断致力于企业创新，塑造和培育企业的核心竞争力，充分发挥企业的综合竞争优势，努力为顾客创造价值，为改善人们的生活环境和生活质量、创造美好的明天贡献力量。

任务：以此为新闻背景，为“合作企业”制作一篇新闻报道，进行财经新闻情景设计。

一、任务目标

今日导读 ▶ 20111021

每日经济新闻
NATIONAL BUSINESS DAILY

地方政府自行发债开闸 沪浙粤深尝鲜

1. 知识目标

了解财经新闻的特征、分类和功能；掌握财经新闻的写作技巧和方法。

2. 能力目标

能够深刻挖掘主题；能够对材料进行筛选与运用；能够针对某单位在业界的动态进行追踪报道。

二、任务实施

1. 分组

2. 案例分析

3. 确定新闻内容

（1）“市政府副市长来合作公司检查指导工作”，以此为内容写一篇新闻报道。

（2）“合作企业”将要启动 WER 生产线，以剪彩仪式为内容进行新闻报道。

（3）“合作企业”为即将面世的XC中央空调召开产品发布会，以此为内容进行相关报道。

4. 成果展示

（1）合作公司XC中央空调发布会的新闻报道。

（2）市政府副市长来公司指导工作的相关报道。

（3）WER生产线启动剪彩仪式的报道。

【任务资讯】

一、财经新闻的定义及对象

二、财经新闻的分类

三、财经新闻的特征

四、财经新闻的功能

五、财经新闻热点报道

六、财经新闻写作

【资讯链接】

一、财经新闻的定义及对象

财经新闻就是有关经济活动、经济现象、经济决策最新事实和情况的报道。它具体指涉的对象十分广泛。在现代经济生活中扮演重要角色的象征性资产，如货币、股票、期货等，有关这些领域的动态、政策、现象，自然是财经的报道范围；传统的关于社会物质再生产所牵涉的生产、分配、交换、消费四大环节的活动也是其报道对象。甚至是经营管理领域，因为最终将影响到企业的市场表现，乃至整个市场格局，也落在财经新闻的视野里。

具体来说，财经新闻的报道对象可以分为三块。第一块是政府机构的相关决策、报告、活动安排以及人事变动等。第二块是业界动态和现象。在现代社会中，公司是市场经济的最重要的活动主体，因此在很大程度上，业界报道也就是公司报道。在一段时间里，有些对国民经济影响巨大或者跟百姓生活联系密切的产业，往往也成为媒体聚集的对象，如目前的能源产业、信息行业、房地产业等，其整体发展趋向和特点备受瞩目。财经新闻报道的第三块内容是资本、金融领域，细分又有保险、股票、基金、债券、租赁、银行等。市场经济是货币经济，通常人们将货币当作实物符号来理解，但是，在现代社会中，以货币为代表的价值符号已经在很大程度上脱离实物而运动，形成自身相对独立的运动规律，并且深刻地影响到国民经济活动。

二、财经新闻的分类

从财经新闻报道所涉及的经济层面来说。财经新闻分成三大类：宏观层面的经济政策报道、中观层面的经济行业报道和微观层面的经济生活报道。

从对新闻题材的处理方式来说。财经新闻可分为信息型财经新闻、分析型财经新闻和讨论型财经新闻。

从报道题材所归属的经济领域来着眼。财经新闻细分为政经类新闻、产经商业类新闻、财税金融类新闻、战略管理类新闻和投资理财类新闻五大类。

从报道的切入点来说。财经新闻分成四类：人物性财经新闻、检验性财经新闻、问题性财经新闻和理论性财经新闻。

三、财经新闻的特征

1. 专业性

财经新闻的专业性首先体现在报道对象的专业程度上。财经新闻是对生活的高度抽象，材料是由数据和专业术语构成，缺乏必要的知识背景，也就失去对新闻的敏感。其次，随着我国经济体制改革的不断深入，特别是在加入 WTO 后和经济全球化的背景下，新的经济现象和问题不断涌现，需要记者、编辑及时地学习和研究，不断更新自己的知识结构。

2. 联系性

联系性作为财经新闻的重要特征主要体现在两个方面：一是各种各样的经济信息和经济动态之间往往有深刻的依存关系，要理解某种经济现象或问题，必须要对相关的经济情况有所了解。二是一些经济动态往往会在很大范围内产生影响，并且会催生其他一些经济现象和问题。媒体在报道时需要从联系的角度，对其影响和意义有充分的分析，而不是只及一点，不及其余。在全球化环境下，财经新闻的联系性还意味着记者在报道时，不能仅仅立足一地一国，而要有开阔的视野，能将经济事件和现象放在全球经济环境的背景下来解读。

3. 预见性

预见性是财经新闻必须具备的一个品质，好的财经新闻应该给受众提供可靠的判断，为受众的决策和行为提供有益的参考。一般的新闻只要能讲清楚时间、地点和发生了什么事情，受众就能明白其中的含义。但是，财经新闻不行，它有极强的专业性，不经过适当的解释和分析，社会公众很难从简短的信息中获得有益的启示，财经报道的价值和意义也就难以被充分体现。预见性依赖于记者、编辑对资料的占有，对经济知识的熟稔，更依赖于记者、编辑思考的习惯，要能在材料的整理和比较中形成自己的判断。记者、编辑对经济现象和问题有了自己的思考，才可以避免浅层次的提问，从而也有利于采访对象深入阐发观点，提升报道对经济形势和问题的预见性。

4. 实用性

财经新闻的影响不仅在于对于舆论的塑造和引导，而且还会直接影响现实中的经济过程。财经新闻的实用性首先体现在信息提供上，即及时为受众提供各种动态和情况。其次，财经新闻要能为公众准确地展示和剖析各种经济现象。再次，财经新闻要能深入浅出地为受众分析宏观经济形势。表面看来，宏观经济形势距离百姓生活比较远，实际上，在市场经济环境下，微观的经济生活无一不深刻地受到宏观形势的影响，或者是折射出宏观形势的变化。最后，财经新闻的服务性还表现在对经济政策的宣传和解释上。值得一提的是，在当前全球化环境下，国内经济和国外经济联系日益紧密，社会上存在着各种各样的利益主体，代表不同的经济势力，媒体在坚持财经新闻的服务性时，还有一个基本原则不可忽略，那就要通过自身的报道来促进国内经济的发展。除了传统上讲的要坚持真实性原则，坚持正面宣传为主的原则之外，最关键的是要注意对消息来源的选择，对消息来源提供的信息要进行认真的分析和甄别，不能简单地有闻必报。

四、财经新闻的功能

提供经济信息，反映经济运行状况；解释经济现象，提供分析预测；反映经济问题，促进经济平稳发展。

五、财经新闻热点报道

1. 热门行业财经新闻报道

在不同的历史时期，都会有行业成为人们关注的热点，例如前些年的 IT 业，近几年的汽车、房地产业等。在以受众为中心的新媒体时代里，普通大众关注的热点问题自然也成为媒体关注的焦点，并成为媒体财经报道中的又一热点，我们称其为热门行业新闻或报道。

2. 热门行业财经新闻报道技巧

（1）以财经新闻受众为导向选择报道领域。

（2）以财经新闻信息服务为轴心组织材料。

3. 重大财经事件报道

新闻：不求独家，但求独特。

新闻策划：报道成功的前提。

这里所指的新闻策划不同于策划新闻，其正确操作是依据客观存在的事实，并且恪守新闻媒介的社会责任，对如何展开报道进行富有创意的设计，以求更全面深刻地揭示客观存在的现实。

六、财经新闻写作

1. 财经新闻主题的挖掘

新闻主题是在新闻报道中所传达的思想、观点，是新闻报道内容的核心。和其他新闻报道形式一样，财经新闻也强调提炼和挖掘主题。

主题挖掘的基本原则。财经新闻主题的挖掘主要应该坚持正确、集中、新颖、深刻等主要原则。

主题挖掘的方法。财经新闻主题的挖掘过程，是一个对被报道事物的特点和本质认识不断深化的过程。挖掘主题的方法，主要有以下几个途径：抓住本质、比较分析、慎用观点、选准视角。

2. 财经新闻材料的运用

（1）材料的视角。首先，在报道视角上，要尽量将经济与人联系起来。突出经济现象中人的活动。其次，在观察角度上，重视“经济现象的非经济视角”和“非经济现象的经济视角”。

（2）材料的挖掘。首先，越来越多的财经新闻报道都呈现出人文化的趋势。其次，材料的挖掘体现人文特色，主要应该从以下几个方面入手。一是在价值取向上，应体现为经济与人文并重。二是从报道视野上看，不但关注全面的经济，还关注全面的人。三是在报道角度上，从对人的理解出发。

（3）材料的升华。第一，财经新闻选择的能够进行直观报道的材料，并不是为了要准确表达变动的经济事实（准确表达是有限的），而是为所报道的经济活动的材料提供更广泛的社会和人文内涵。第二，在把经济事实的性质和重要性传达给受众的同时，必须提供前后相关的信息，对经济学术语做出解释，对各种连带的经济关系给予说明。第三，材料升华中重视数字的运用。第四，把公众的日常生活体验作为向公众报道经济事件的突破口。第五，材料加工要善于强化专业分析，提炼新闻故事。

3. 财经新闻的处理方法

（1）材料理性升华和感性再现；

（2）材料的局部及细节截取；

（3）材料的现场描写；

（4）材料的“山外”审视。

4. 标题

（1）标题的类别及要求。

标题不但要有内容，而且还要有特点，让人一读就明白，并能吸引人。标题的制作，大致具有准确具体、简洁精练、新颖独特、生动活泼等主要特征。

（2）标题的拟题和技巧。

①巧用修饰，使标题生辉；

②诗词歌赋的新用；

③成语、典故、流行歌曲歌词入题；

④摄取群众语汇。

（3）标题提炼的方法。

①浓缩。

②解释。

③形象。

（4）标题提炼应注意的问题。

①新闻标题，尤其是主题一定要做成实题，尽量将新闻要素做进标题之中。若无可能出现的纠纷，避免使用“一”“某”等含混的表述。

②标题中注意将文章中的兴奋点提炼出来，在标题中应该做到不少于一个兴奋点（重要的新闻人物、离奇的新闻时间、重大或者是新奇的事件本身等）。

③单行通栏标题的字数应该以控制在9～11个字之间为宜。

④标题的主谓宾结构必须完整，避免出现双谓语和动宾搭配不当的情况。

⑤新闻标题必须有动态词汇，主要为“行为主体＋行为＋行为客体”的句式结构。

⑥新闻标题中尽可能地省略标点符号。顿号和逗号尽量用空格来代替，以使版面透气、清丽。严禁使用感叹号，避免造成主观感情色彩过于强烈。尽量不使用省略号和破折号，因为省略号要占用两个字符的空间。尽量不要使用问号，当句式本身为疑问句的

时候，禁用问号。除表达反语的意义外，尽量不使用引号。

⑦新闻标题中严禁出现重复字眼。

⑧新闻主体中的人如果不为常人所知，不宜出现在标题中。如果必须出现在主题中，则可用该人的身份代替。

⑨尽量在主题中回避字数太多的人名和地名，转放在副标题中。

⑩严禁在主题中出现不常用或容易引起误解的地名简称。

⑪慎用多行主题，否则起不到标题原应承担的醒目和提示的作用。

⑫标题尽量不折行，不断句。迫不得已转行的时候，要注意单独成行的一句要意义完整，不引起歧义。

⑬使用两行题时，要特别注意引题和主题之间的逻辑关系。当副题的主语和主题的主语非同一主体的时候，尤需小心语义之间的连贯和协调，避免出现表意不清或产生歧义的情况。

⑭如无特殊需要或者明显的是非判断，避免在标题中出现主观色彩浓厚的字眼，如“竟然”“胆敢”等字眼，尽量体现报纸的理性色彩和客观形象。

⑮不提倡在新闻标题中使用问句，新闻内容是什么就告诉读者什么，无需哗众取宠，欲擒故纵。

⑯新闻标题中做出的判断，要在正文中有足够的证据支持，避免出现孤证和过头的判断。

⑰新闻事实是一个个例的情况，新闻标题慎用宏观表述。

⑱标题中尽量不要出现专业性过强的词汇，善于用已知的事物作为桥梁，将生僻的专业词汇转换为通俗的语汇。

⑲标题中的数字，尽量将之具化为读者有生活经验和常识的具体描述。

【随堂实践】

1. 按照经济新闻标题的一般写法，为下面这则经济新闻补写标题。

从日前召开的中国公证协会第五次代表大会上了解到：目前我国的公证机构已达3100多个，执业公证员近1.2万人，公证从业人员近2万人，初步形成覆盖全国的公证网络体系。据了解，全国公证机构年办证量已连续6年超过1000万件，公证事项种类已达200多种，涉外公证每年办理近300多万件，发往100多个国家和地区使用。各种民事公证、经济领域内各项行为及文书公证、涉外公证等公证服务，正逐步深入到我国经济和社会生活的方方面面。司法部部长吴爱英表示，公证行业今后要努力为构建社会主义和谐社会提供优质高效的公证服务。吴爱英强调，构建社会主义和谐社会，需要以良好的法治环境、优质的法律服务、有力的法律保障为基础。公证制度作为一项预防性法律制度，是促进和保障社会和谐的重要法律手段，在构建社会主义和谐社会中具有重要作用。公证机构和广大公证工作者，要忠诚履行职责，努力为维护群众利益和保障社会公平正义提供优质高效的公证服务。全国公证机构和公证员，应进一步提高公证质量和社会公信力，增强公证证明在司法审判中的证据效力，促进和维护司法公正，以司法公正保障社会公平正义。要积极运用公证法律手段，依法、及时、公正地为群众办理公证事务，促进解决人民群众最关心、最直接、最现实的利益问题，保障和维护人民群众的权利和利益。就公证在维护社会和谐稳定中的作用，吴爱英表示，各级公证机构要努力使公证工作成为加强社会管理的一个重要法律手段，充分发挥公证工作在建立完善科学有效的利益协调机制、诉求表达机制、矛盾调处机制、权益保障机制等方面的重要作用。要充分发挥公证工作预防在先、不激化矛盾的特点和优势，努力使公证成为预防矛盾纠纷的一道重要防线，最大限度地消除不和谐因素，增加和谐因素，促进社会和谐稳定。吴爱英还表示，公证行业应努力为激发社会活力提供优质高效的公证服务。要进一步发挥公证工作在促进改革创新方面的作用，积极介入国企改革、投融资改革等领域，促进市场经济体制的不断完善；积极运用公证法律手段保护知识产权，促进和保障创业活动和创新成果，推进创新型国家建设。要进一步完善公证法律制度，依法拓展业务领域，积极创新服务方式，不断提高服务构建社会主义和谐社会的质量和水平。

2. 写作（可选其一）

（1）“合作企业”XC 中央空调的发布会的新闻报道。

（2）市政府副市长来公司指导工作的相关报道。

（3）“合作企业”WER 生产线启动剪彩仪式的报道。

【双语范例】

全球并购规模恢复至危机前水平

今年，企业并购活动飙升至金融危机爆发以来的最高水平，全球并购交易总额激增47%，至3.34 万亿美元。

这是2007 年以来并购最为活跃的时期，超大并购案以强劲势头卷土重来。处于历史低位的借款利率、活跃的资本市场和抬高的股价，催生了可能重塑行业格局的大额交易，尤其是在制药、科技和媒体行业。

对并购交易的渴求预计将持续到明年，美国和英国将扮演领导者的角色，欧洲也将加入这一热潮。

花旗集团（Citigroup）欧洲、中东和非洲并购业务主管威廉·舒尔茨（Wilhelm Schulz）说：“今年的一个明确主题是，大型欧洲企业需要在自己的主要市场以外进行收购。这种外向的并购趋势可能在2015 年持续下去。”

但从并购案的数量看，汤森路透（Thomson Reuters）的数据表明并购活动同比仅上升5%，这意味着中小型企业还没有加入并购活动。

德意志银行（Deutsche Bank）全球并购主管亨里克·阿斯拉克森（Henrik Aslaksen）说：“大额交易掩盖了并购活动相对乏力的增长。在表现非常强劲的2014 年过去后，美国并购活动的增长率可能在明年趋于正常化。然而，我们可以看到欧洲、中东和非洲的并购活动从一个相对较低的基数向上攀升。”

如果加上被收购企业资产负债表上的债务，今年有3 笔交易位列过去10 年十大并购案，其中包括有线电视运营商康卡斯特（Comcast）以710 亿美元收购时代华纳有线（Time Warner Cable），美国电话电报公司（AT&T）以672 亿美元收购DirecTV。

这些交易让作为收购方的互联网和媒体发行商获得了更大的购买力。内容制作商作出了回应，21世纪福克斯（21st Century Fox）向时代华纳（Time Warner）发出800亿美元的主动收购报价，但最终放弃。“今年我们看到的不仅是改变行业格局的大规模战略性收购，还有行业整合的速度，”高盛（Goldman Sachs）美国并购主管迈克尔·卡尔（Michael Carr）说。

这使现阶段的并购热潮与金融危机前不同，大额的买断交易是那个时期的主要特点。在并购顾问银行中，高盛为总计近1万亿美元的并购交易担任顾问，位居首位。

能源业是并购活动最活跃的行业，考虑到油价的大幅下跌，石油服务企业哈利伯顿（Halliburton）对规模较小的对手贝克休斯（Baker Hughes）的385亿美元收购被视为行业进一步整合的序曲。

Takeovers megadeals return to pre-crisis volumes

Corporate takeover deals surged to their highest levels since the financial crisis this year, with the volume of mergers and acquisitions rising 47 percent to $3.34 trillion globally.

In the busiest period since 2007, megadeals returned with a vengeance, as historically low borrowing rates, buoyant capital markets and inflated share prices prompted big transactions with the potential to restructure industries, particularly in pharmaceuticals, technology and media.

The thirst for mergers and acquisitions was expected to pour into the new year, led by the US and UK but with Europe also pitching in.

Wilhelm Schulz, head of M&A at Citigroup for Europe, Middle East and Africa, said: “A clear theme of this year has been the need for large European companies to make acquisitions outside their main markets. That outbound M&A is likely to persist in 2015.”

But by number of deals, Thomson Reuters, data shows that M&A activity climbed just 5 percent from a year ago, meaning that midsized and small companies have yet to join in.

Henrik Aslaksen, global head of M&A at Deutsche Bank, said: “The large deals are masking subdued growth in M&A activity. The rate of growth of deal activity in the US is likely to normalise next year following a very strong 2014. However, we could see Emea activity pick-up from a comparatively low base.”

Three deals this year, including Comcast’s $71 billion acquisition of Time Warner Cable and AT&T’s $67.2 billion takeover of DirecTV, ranked among the 10 largest of the past decade if debt on the target company’s balance sheet is added.

The moves give acquiring internet and media distributors greater purchasing power. Content makers responded, including 21st Century Fox’s unsolicited and later abandoned $80 billion approach for Time Warner. “What we’ve seen this year is not just large strategic deals that changed industry structures, but the speed with which consolidation happened,” said Michael Carr, head of Americas M&A at Goldman Sachs.

That differentiates this phase from the pre-crisis period, which was dominated by big buyouts. Advising on nearly $1 trillion of deals, Goldman Sachs ranked first among advisory banks.

Energy was the busiest sector, with oil services group Halliburton pouncing on smaller rival Baker Hughes in a $38.5 billion deal seen as a prelude to further consolidation given the dramatic oil price fall.

——文章来自《金融时报》

任务六 说明产品要实在

【任务综述】

为了配合双馨苑楼盘的营销，“合作企业”积极为业主推荐自己公司的“中央空调”。经济管理系学生接受任务：协助买主学习使用“合作企业”水源热泵中央空调的说明书。学生们积极投入，决心通过此次实践，完成产品说明书的写作。

一、任务目标

1. 知识目标

了解说明书的概念、特点、分类、格式等方面的知识。

2. 能力目标

能够运用专业知识对产品进行设计与分析；能模仿范文，独立撰写具真实性、科学性、条理性、通俗易懂、实用性强、格式规范的说明书。

二、任务实施

1. 教师由相关案例讲解产品说明书的结构及写作技巧。

2. 教师展示图片，布置写作任务。

3. 学生把调查到的有关 XC 中央空调、SD 压滤机、光电逆变器的资料加以整理，进行仿写。

4. 老师指导、点评、明确相关知识点。

5. 学生纠错，交流写作心得。

6. 最后学生研读教材并对范文分类。

7. 成果展示：

（1）XC 中央空调说明书。

（2）SD 压滤机说明书。

（3）光电逆变器使用说明书。

【任务资讯】

一、产品说明书的概念

二、产品说明书的功能

三、产品说明书的特点

四、产品说明书的类型

五、产品说明书的结构

【资讯链接】

一、产品说明书的概念

产品说明书是一种常见的说明文，是生产者向消费者全面、明确地介绍产品名称、用途、性质、性能、产品说明书原理、构造、规格、使用方法、保养维护、注意事项等内容而写的准确、简明的文字材料。

二、产品说明书的功能

1. 宣传产品，指导消费

宣传产品以引起消费者的购买欲望，从而实现购买，促进商品流通，是产品说明书的基本属性。

2. 扩大消息，促进消费

产品说明书在普及科学文化知识，扩大信息流量，在信息传播、复制、交流、利用、反馈等方面，作用十分重要，是因为它在社会生产过程中，实现了生产、交换、分配、消费四个环节中交换和消费两个环节的必然链接。

3. 传播知识，创造品牌

产品说明书的内容常常涉及到知识、科技等的普及、宣传和利用，凝聚着知识的结晶而被人们传播、吸收。生产者实现销售，是从制作产品说明书起步，消费者认识产品，是从认识产品说明书开始。品牌可以借着产品说明书推波助澜，使品牌有形象的、直观的视觉效果。

三、产品说明书的特点

1. 真实性

产品使用涉及千家万户，关系到广大消费者的切身利益，决不允许夸大其词，鼓吹操作，甚至以假冒伪劣产品来谋取自身的经济利益。

2. 科学性

产品是科学与生产实践的产物，在一定程度上体现了当代的科技水平，是科技的一种实用型代表。

3. 条理性

因文化、地理、生活、环境等的不同，人们对产品说明书的内容还存在着认识和理解上的差异，所以，产品说明书在陈述产品的各种要素时，要有一个由浅入深、循序渐进的顺序。

4. 通俗性

很多消费者没有专业知识，就有必要用通俗浅显和大众喜闻乐见的语言，清楚明白的介绍产品，使消费者使用产品得心应手，注意事项心中有数，维护维修方便快捷。

5. 实用性

强调产品的实用性，目的在于突出“我的比你的好用”这个重要指标，利于突出产品优势，利于消费者使用产品。

四、产品说明书的类型

产品说明书应用广泛，类型多种多样，按不同的分类标准可分类如下。

（1）按对象、行业的不同分，可分为工业产品说明书、农产品说明书、金融产品说明书、保险产品说明书等。

（2）按形式的不同分，可分为条款（条文）式产品说明书、图表式产品说明书、条款（条文）和图表结合说明书、网上购物产品说明书、音像型产品说明书、口述产品说明书等。

（3）按内容分，可分为详细产品说明书、简要产品说明书等。

（4）按语种分，可分为中文产品说明书、外文产品说明书、中外文对照产品说明书等。

（5）按说明书的不同性质分，可分为特殊产品说明书、一般产品说明书等。

五、产品说明书的结构

产品说明书的结构通常由标题、正文和落款三个部分构成。正文是产品说明书的主体、核心部分。

1. 标题

说明书的标题通常由产品名称或说明对象加上文种构成，一般放在说明书第一行，要注重视觉效果，可以有不同的形体设计。

2. 正文

正文是产品说明书的主体部分，是介绍产品的特征、性能、使用方法、保养维护、注意事项等内容的核心所在。常见主体有概述、指标、结构、特点、方法、配套、事项、保养、责任等内容。

3. 落款

落款即写明生产者、经销单位的名称、地址、电话、邮政编码、Email 等内容，为消费者进行必要的联系提供方便。

【随堂实践】

1. 什么是产品说明书，它有哪些特点？

2. 根据条件，深入到一家工厂，详细了解其产品，然后写一份产品说明书。（比如：XC 中央空调说明书、SD 压滤机说明书、光电逆变器使用说明书。）

【双语范例】

产品说明书

产品描述：

1. 此玩具是以 PP 塑料与防火风筝布材组合。

2. 此玩具是一款非常经典的飞盘玩具，颜色鲜艳，使用此玩具对儿童的颜色识别、动手能力具有很好的辅助作用。

3. 使用前请仔细阅读说明书。

警告：本产品不适合五岁以下的小孩子，以防他们扯断零件后误吞下去后发生危险。

注意：

1. 轻柔地扔出飞盘，用你的手腕增加一点旋转力。不要太用力，让它和地面保持平行。

2. 在经过一段练习以后，你可以扔的很准确。

3. 要在开阔的地方玩。

4. 不要把这款产品给年龄不适合的儿童玩耍。

5. 在玩这款玩具时要有成人看护。

6. 请远离火。

Products Instruction

Product description：

1. This flying disc toy is made from PP plastic with fire resistant nylon fabric material.

2. This toy is a classic flying disc toy. It has bright color. By using and playing this toy，it has very good auxiliary function of color recognition and move ability.

3. Please read the instructions carefully before using .

WARNING！Not suitable for children under 5 years old due to the danger of tearing off and swallowing small parts.

CAUTION：

1. Throw the flying disc gently with a flick of your wrist to add spin. Don't try to throw it too hard. Keep it paralled to the ground.

2. With a little practice you can throw it very accurately.

3. Always throw in a clear area to an alert receiver.

4. Do not give this item to a child who is under the recommended age.

5. Adult supervision is recommended when playing with this toy.

6. Keep away from fire.

——来自百度文库

任务七 传播广告靠商品

【任务综述】

学生观看“合作企业”宣传片。借此了解集团企业文化建设理念、经营理念、社会观、品牌定位以及品牌观；了解集团的企业战略目标、战略观及企业行为理念、创新观等；熟悉企业的几种重要产品。

任务：以小组为单位，举出具体广告中印象最深的优秀的广告，并分析它的精彩之处。每小组完成一则创意广告，选出优胜者。

一、任务目标

1. 知识目标

了解商业广告的概念、特点、种类；掌握广告文案的设计要求。

2. 能力目标

能为既定项目设计出各种类型的、新颖的广告文案

二、任务实施

1. 学生展示资料，感受广告。

2. 通过精彩案例展示，教师指导广告的相关知识。

3. 确定任务。要求学生按说明体或文艺体为“XC 中央空调”“SD 压滤机”“光电逆变器”三种产品（任选）设计销售广告文案。

4. 要求学生展示修改后的广告设计，大家赏析评论。

5. 成果展示：XC 中央空调、SD 压滤机、光电逆变器等三种产品的广告文案。

【任务资讯】

一、商业广告的概念
二、商业广告的特点
三、商业广告的种类
四、说明体广告和文艺体广告
五、商业广告的写作要求

【资讯链接】

一、商业广告的概念

商业广告从法律上讲，是一种民事行为。1994年10月第八届全国人民代表大会常务委员会通过的《中华人民共和国广告法》对广告的定义是“商品经营者或者服务提供者承担费用，通过一定媒介和形式直接或间接地介绍自己所推销的商品或者所提供的商业服务”。这一界定说明，商业广告传播的是有关商品和服务的信息，有明确的广告主；是有偿服务，即广告主必须要向广告经营者偿付广告设计、制作、代理服务等项的费用；商业广告必须通过媒体（报纸、杂志、广播、电视等）传播信息。从其传播制作的过程看，商业广告是现代多学科的综合体。即商业广告从策划到制作完毕，往往综合了多学科的知识，如商品知识、心理学知识和营销学知识，制作方面有摄影知识、美学知识等。

我们在这里讲商业广告，是从广告文稿的角度来说明的，是指广告作品的语言文字部分。

二、商业广告的特点

1. 功利性

商业广告具有明显的功利性，其目的就是为了推销某种产品或某种社会服务。

因此广告必须适应读者的心理，诱发读者的兴趣，尽力去感染读者，促使购买行为实现。

2. 真实性

商业广告虽然具有鲜明的功利性，但还必须以真实性为基础，要符合广告法的有关规定。

3. 创造性

商业广告还具有创造性，因为只有富有创造性的广告，才能塑造商品或服务者的个性和形象，引起读者或观众的注意，乃至留下深刻的印象。

三、商业广告的种类

商业广告从不同的角度，可以获得不同的划分结果。

（1）以制作目的来分类，可以分为销售广告和信誉广告。所谓销售广告，即为推销某种商品而制作发布的广告。信誉广告，指为宣传公司或企业的信誉、历史和成就，塑造公司或企业形象的广告。

（2）以媒介方式来分类，可以分为报纸广告、杂志广告、广播广告、电视广告和招贴广告等。

（3）以广告的文体来分类，可以分为说明体广告和文艺体广告等。

（4）以广告的心理效果来分类，可以分为攻心广告、迎合广告、征奖广告和承诺广告等。

四、说明体广告和文艺体广告

1. 说明体广告

（1）概念和特点。

说明体广告是主要以说明方式来撰写的广告。其特点是主体以说明为主，内容比较详细，语言准确、平实。

（2）写作方法。

①标题。广告的标题具有重要的宣传作用。其写法多样：直接式。即直接用企业和商品名称或经营项目、服务内容等命题。如“吴天假日酒店”“长岭空调”等。这类标题比较直白。间接式。是指用迂回办法吸引人来阅读广告。如“我爱荷花美”（荷花牌洗衣机）“万事俱备，只欠东风”（东风汽车）等。此类标题生动、含蓄，令人回味。复合式。即综合运用直接、间接式，制作出一种含蓄丰富、概括全面、表意完整的主题。这类标题多采用多行式的写法，如：

中国名酒（引题）

西凤酒（正题）

芳香可口，醇和甘甜，清冽净爽，余味久长（副题）

②前言。对商品或服务概括介绍，对全文起提纲挈领的作用。

③主体。说明宣传对象，使读者较为详细地了解商品或服务的具体情况，如产品的性能、规格、作用和保管等，服务的内容和项目等。

④尾部。包括产品价格、销售方式以及联系方式、销售地点等。

2. 文艺体广告

（1）概念和特点。

文艺体广告是以文艺形式进行商品推销和宣传广告信誉的广告。其特点是主体为叙事抒情的文艺形式，包括叙事、小品、诗歌、对联等，有的主体仅一两句话，但用了积极的修辞方式，采用比喻、象征、夸张、双关和暗示等手法，使广告耐人寻味，具有艺术性。

文艺体广告媒介载体多样，有广播、电视、报纸、杂志、广告牌和门联等。当文艺体广告配上画面或拍成电视广告片时，其文字部分就成为了广告文案和广告脚本。

（2）写作要求。

文艺体广告写法不拘一格，但共同的要求是语言必须生动形象，内容要在真实的基础上，借助文艺形式来表述。因此撰写文艺体广告需要注意的有以下几点。

①创意要新颖独特。

文艺体广告是一种宣传艺术，其创意决定了广告宣传的成败。创意指确定广告制作目的后，就如何围绕主题选材、如何选择表述方式和方法进行的构思活动。比如说某个牌子的商品质量高、效果好，方法很多，一种是直接阐述性能指标，如商品说明书；一种是形象地说明，而形象说明的方式方法很多，如何使之既生动又新颖，就成为了创意的内容。例如，日本先锋牌音响广告，采用了蒙太奇手法，将世界上最大的尼亚加拉瀑布与美国纽约的摩天大楼组合在一起，瀑布从摩天大楼群一泻而下，气势浩大，景观壮丽，既而闪现出先锋音响的画面，使人产生联想，用瀑布形象表达了先锋音响洪亮巨大的音波冲击力，用摩天大楼象征现代技术。该广告没有用声音直接描述，因为普通电视机播放不出先锋音响的声音力度，所以用视觉形象的方式描述声音。这在修辞上是一种“移觉”的手法。

②广告要重点突出。

有的广告为了展示商品的优点，喜欢面面俱到，其实广告要求写得简明扼要、重点突出，只有这样才能引起读者或观众的注意。例如兰丽祛斑霜广告，标题是“只要青春不要痘”，副标题是“遮不住的烦恼”，其画面是一位以扇遮面、只露眼睛的少女，正表现遮住“痘”的特点。这则广告抓住为“痘”所苦的青年读者的心理，突出这一点，就吸引了特定对象。“只要青春不要痘”，更是暗含了其化妆品的效果。

（3）文艺体广告的种类和写作方法。

文艺体广告种类较多，我们这里仅举三类，供大家了解文艺体广告的特点。

①文艺叙事体广告。

该类广告的主体具有叙事性，有的是故事式，有的是抒情散文式。通过故事或抒情，揭示商品的某一特征，引发读者或观众的兴趣。因此，这类广告有人物和基本的情节。虽然它不像地道的文学作品那样要求人物有鲜明的性格，也不要求叙事有复杂的情节，但还是需要人物有一定的个性特征，对话要耐人寻味，事件要有基本的冲突，背景要有气氛，抒情要有意境。

例：南方黑芝麻糊电视广告文稿

时间：约20世纪30年代的一个晚上

地点：江南小镇街巷

人物：小男孩、挑担卖芝麻糊的妇女、妇女的小女儿

遥远的年代，麻石小巷，天色近晚。一对挑担的母女向幽深的陋巷走去。(画外音，叫卖声)

“黑芝麻糊哎——”（音乐起）

深宅大院门前，一个小男孩使劲拨开粗重的樘栊，挤出门来，深吸着飘来的香气。(画外音，男声)“小时候，一听见黑芝麻糊的叫卖声，我就再也坐不住了……”

担挑的一头，小姑娘头也不抬地在瓦钵里研芝麻。另一头，卖芝麻糊的大嫂热情地照料食客。

（叠画）大锅里，浓稠的芝麻糊不断地滚腾。

小男孩搓着小手，神情迫不及待。

大铜勺被提得老高，往碗里倒着芝麻糊。

小男孩埋头猛吃，大碗几乎盖住了脸庞。

研芝麻的小姑娘投去新奇的目光。

几名过路食客美美地吃着，大嫂周围蒸腾着浓浓的香气。

站在大人背后，小男孩大模大样地将碗舔得干干净净（特写）。

小姑娘捂嘴讪笑起来。

大嫂爱怜地给小男孩添上一勺芝麻糊，轻轻地抹去他脸上的残糊。

小男孩默默地抬起头来，目光里似羞涩，似感激，似怀想，意味深长……

（叠画）一阵烟雾掠过，字幕出（特写）："一股浓香，一缕温暖"。（画外音，男声）"一股浓香，一缕温暖。南方黑芝麻糊"。

（叠画）产品标板。

推出字幕（特写）：南方黑芝麻糊广西南方儿童食品厂。

片长：30 秒。

简析：这是抒情散文式的电视广告。20 世纪 30 年代江南小巷，芝麻糊的叫卖，勾画了芝麻糊的历史和民俗。小男孩贪吃的样子，形象地说明了黑芝麻糊味美香甜。叫卖声和男声配合画面恰到好处，长长的叫卖声增添了黑芝麻糊的诱惑。男声，点明这是回忆，回忆当年芝麻糊的甜美，回忆当年人情温暖。结尾，推出字幕"一股浓香，一缕温暖"点题，说明从制作芝麻糊的技艺到人情的温暖，今天都有继承和发展。这则抒情散文式广告，不仅有商业宣传，而且具有传统文化的底蕴。

②诗歌体广告

该类广告的主体是诗歌。在写作中要求有诗的特点。语句精练押韵，既要表述出商品或服务的特征，又要创造诗的意境。

例一：汾阳杏花酒。

杏花汾酒远驰名，洌润甘芳品格清。

应请太白来一醉，好诗千首唤人醒。

例二：青岛啤酒。

青翠纷披景物芳，岛环万顷海天长。

啤花泉水成佳酿，酒自清清味自香。

例三：寻人、寻物、寻过去……

——西门子公司 150 周年庆贺活动

150 年的历史，150 年的辉煌。岁月悠悠，西门子这个名字，曾为多少人向往。在我们庆贺这 150 岁生日的时候，我们再次想起了他们：我们的前辈——那些 40 年代西门子的老雇员们；我们的老用户——那些最早接受了西门子的知音们；我们的老产品——曾为中国人民带来欢乐的功臣们。我们希望找到他们，听听他们的感受，理解西门子的含义。我们想把那些老产品请回来，让历史延续……我们请求您的帮助！帮助我们完成这一寻找：或许您的祖父曾是西门子雇员，或许您的邻居仍保存着他们的第一台收音机，或许……请将您的发现及时通知我们，与我们一起保存即逝的过去，这将是您对公司 150 岁生日最丰厚的献礼。为此，我们以西门子的名义，感谢您！

简析：《汾阳杏花酒》是旧体诗，用于赞美历史悠久的汾酒，加深了传统意味。《青岛啤酒》是藏头诗，隐"青岛啤酒"四字，开头铺叙青岛景物，再论酒香，可谓地灵物美，每句结尾的字可组成“芳长酿香”，表述了美好的祝愿。《寻人、寻物、寻过去……》叙事诗式广告，全诗从过去说到现在，抒发了对顾客的殷殷真情，于叙事和抒情中，宣传了本企业，不失为一次成功的公关宣传。

③修辞体广告

该类广告多是广告口号，用于配合画面宣传，或作为一般广告的口号，即警句，以引起读者的注意和思考。其写作手法主要是用积极修辞手法，如比喻、比拟、借代、反复、反语、双关、夸张、衬托、比兴、暗示（委婉）、双关和谐音等。

例一：虽云毫末技艺，却是顶上功夫。——某理发店广告

例二：小莫小于水滴，细莫细于沙粒——储蓄广告

简析：例一采用了双关手法，“毫末”既指头发，又指“微末”。“顶”既指“头顶”，又指“最好”的。例二采用比喻手法，宣传积少成多的道理。

五、商业广告的写作要求

1. 广告要定位准确

定位准确，是指广告在内容上要针对广告的目的来撰写。商品广告就要依据商品的用途、档次、产地、特点以及其消费对象来撰写。商品的用途和档次是针对消费者的需要来宣传的，产地和特点是突出商品的品质和特征来宣传的。广告定位得准，对于广告的创作有重要影响。

2. 广告主体要符合文体的要求

广告主体有文体之别，在撰写广告时，就必须考虑其主体的文体要求。新闻体广告，其主体必须体现有价值的新消息这一新闻特征。文书体广告，其主体必须具有文书的规范形式和语句平实的特征。文艺体广告，其主体必须具备文艺体裁的特征，如叙事体必须具备叙事的情节、人物等要素，诗歌体必须具备语句押韵、有形象、有意境的诗歌特征。

【随堂实践】

1. 商业广告具有什么特点？
2. 广告以文体来分类可以分为哪两类？
3. 为某一种商品拟一则文字广告（比如：XC 中央空调、SD 压滤机、光电逆变器等产品的广告文案）。

【双语范例】

加利福尼亚婴儿洗发水和身体沐浴露——茶树与薰衣草的完美组合

使用范围：这是一款对乳痂、头皮屑、皮炎、湿疹、虱子均有显著疗效的组合，无泪配方，洗发水与身体沐浴露合二为一，不含十二烷基硫酸钠、二胺乙酸以及任何镇定麻醉剂。

香味：有机茶树与法兰西薰衣草的清爽美妙的组合，并以甜美的柑橘和淡淡花香作

为基调。

产品描述：即使是最挑剔的孩子也会爱上这款加利福尼亚婴儿洗发水和身体沐浴露，其干净清新的香气令人难以抗拒。温和舒适，可以每天使用。该产品能有效去除头皮屑、乳痂、皮炎与及虱子。产品中的茶树精华具有抗菌和修复的作用，而法兰西薰衣草则可以安抚情绪，舒缓疲劳，抚慰敏感的肌肤与头皮。具有抗氧化保护作用的维生素E，月见草、金盏花、玫瑰果等草本精华更是锦上添花。该包装为超值旅行装。

温馨提示（加利福尼亚婴儿洗液的开发人员Jessica）：许多顾客都喜欢我们的镇定舒缓型洗发水和身体沐浴露，因为它闻起来很舒服，让人感到平静安详。我们的茶树与薰衣草组合同样也必然会成为家庭选择的至爱。它的完美在于其组合的平衡：香气清新怡人，且具有理疗的功效，性质温和，由头至脚都适用。比如在游泳池或沙滩泡了一天之后，使用我们的产品帮助彻底清除残留在头发和身上的氯和盐，然后再使用我们可以免洗的护发素做额外的护理。甚至您的宠物都可以使用这些产品！

另外：我们的茶树精油完全是有机培植的，富含活性分子，弥足珍贵。

同样适用于成人：对头皮藓和头皮屑有效 。

抗真菌/细菌：妈妈们可以在修剪手指/脚趾甲时用来浸泡。绝对大受爸爸们的欢迎，我们都知道他们有多挑剔。这是针对油性皮肤，问题皮肤与及青少年皮肤的绝佳洁面乳。

优势与特点：

蕴含效果持续的有机成分，香气怡人而且具有理疗功效！无泪配方，不含镇定麻醉剂，特别适用油性皮肤清洁和减轻乳痂，舒缓紧张的头皮。

我们的精油已经通过纯度测试，并且保证不含有杀虫剂，让头发清爽富有光泽，无泡配方不刺激头皮，抗真菌/细菌。我们使用的清洁剂癸基聚葡萄糖，无刺激性，性质温和，极易生物降解，安全有效，不含十二烷基硫酸钠和二胺乙酸，性质极为温和，可以用于新生儿的第一次沐浴。适合各种年龄的儿童每天使用，我们采用来自澳大利亚的，经过有机培植的茶树。

California Baby Shampoo and BodyWash——Tea Tree & Lavender

For Use: Our therapeutic blend is effective against cradle cap, dandruff, dermatitis, eczema and lice. No tears, two products in one, no SLS, DEA, and any numbing agents.

Scent: A clean and beautiful blend that includes organic tea tree and French lavender with sweet citrus and floral base notes.

Product description: Even the most finicky child will love the fresh & clean fragrance of California Baby's Tea Tree & Lavender Shampoo & Bodywash. Gentle enough to use everyday, and it is effective against dandruff, cradle cap, dermatitis, and lice. Tea tree has anti-bacterial and healing properties, while French lavender is calming and soothes frazzled feelings and irritated skin and scalp. Anti-oxidant protection of vitamin E and evening primrose along with herbs of calendula and rosehips complete this fantastic product! Great travel size.

A note (from Jessica, developer of California Baby shampoo and Body wash): Many of our customers love our Calming Shampoo & Bodywash because it smells beautiful and leaves one feeling serene. Our Tea Tree & Lavender Shampoo & Bodywash is sure to become a family favorite too! What makes it so terrific is that it's perfectly balanced; our essential oil blend is brimming with a fresh, clean, zippy scent that is therapeutic and also a gentle head-to-toe cleanser. May be used after a day at the pool or the beach to help remove chlorine and salt residues from hair and body; follow with our hair conditioner that can be left in for extra conditioning. It even works on the family pet!

p. s. Our tea tree oil is organically grown and contains high levels of the actives that make this oil highly desirable.

For grownups: Works on flaky scalp and dandruff.

Anti-fungal/bacterial: Moms use to soak during manicures or pedicures. A proven hit with dads and we know how picky they can be! An excellent facial wash for oily, problem, and teenage skin.

Benefits & Features:

Contains organic and sustainably grown ingredients, smells great and it's therapeutic too! No tears, no numbing agents, An effective cleanser for oily skin types cleans and loosens cradle cap and works to heal irritated scalp.

Our aromatherapy essential oils are tested for purity and guaranteed pesticide free. Leaves hair clean and shiny, non-stripping of delicate mucous membranes, Anti-fungal/bacterial. Our cleansing agent, Decyl polyglucose, is non-invasive, gentle, and extremely biodegradable, Safe, gentle, and effective, No Sodium Lauryl Sulfate or DEA, Gentle enough for baby's first bath. May be used everyday by all ages Our Tea Tree is organically grown in Australia.

任务八 推销商品写信函

【任务综述】

2014 年 7 月，小李以优异的成绩完成学业，经德州职业技术学院推荐，就业于一家中外合资公司，做了一名销售人员。经过自己的不懈努力，现在他已经成长为公司区域营销经理，拥有大量各地客户。

任务：要求学生以公司区域营销部经理的名义，为他制作一份与客户业务联系的商务信函。

一、任务目标

1. 知识目标

了解商务信函的应用原则；掌握商务信函的构成要素、构成格式及写作技巧。

2. 能力目标

能根据任务要求，用英、汉双语撰写出格式规范、符合原则、语言得体的商务往来信件。

二、任务实施

1. 教师由精美的信函图片和名人名言导入课题，激发学生兴趣。

2. 教师从规范、新颖和实力三个方面举出经典案例让学生自主归纳商务信函格式；再分组讨论明确求职信的写作技巧。

3. 确定任务（要求用中、英文写作）

（1）代这家合资公司就某产品的调研问题写一封产品调研侦讯函。

（2）就参观西门子事宜代公司完成一封商务函。

（3）完成一封 SD 压滤机销售函。

4. 成果展示

（1）产品调研侦讯函。

（2）参访西门子的商务函。

（3）SD 压滤机销售函。

【任务资讯】

一、商务信函概述

二、商务信函的应用原则

三、商务信函的构成要素

四、信封和书信的写作方法

五、商务写作技巧及目标

六、商务信函格式

七、商务信函惯用语

【资讯链接】

一、商务信函概述

1. 正确的观念

商务信函是一种"推销"函。商务信函是一种常用的商业联系媒介，实际上商务信函是一种"推销"函，写信人总是在推销着什么，或是物品、或是服务等。要写好商务信函不仅要具备相关的业务知识，掌握好法规和条款，还应具备扎实的语言基础，熟悉信函的书写形式和行文要求。

2. 商务信函的基本特点

商务信函书写的重点应放在"效率"上，应易读易懂；语气真诚、友好、客气；语言简短、朴实、自然；内容清晰、准确、具体；行文正确、完整。

3. 商务信函无定律

好的信函并没有固定不变的写作模式，因人而异。写信时，应充分考虑收信方的观点和看法、背景和所处环境。

二、商务信函的应用原则

1. "爱达"AIDA 原则：在拟就一封商务信函时，应首先考虑的原则。

A—Attention 注意，I—Interest 兴趣，D—Desire 意愿，A—Action 行动。

2. 10 个"C"的行文原则

（1）明晰 Clearness，具体 Concreteness。

（2）简洁 Conciseness，诚意 Conscientiousness。

（3）正确 Correctness，个性 Character。

（4）礼貌 Courtesy，完整 Completeness。

（5）体谅 Considerateness，优美 Concinnity。

三、商务信函的构成要素

商务信函的构成要素有：信头、发信日期、编号、封内收信人地址、指定收信人姓名、称呼、事由、开头语、正文、结尾语、客套结束语、签名。

1. 信头（Letterhead）

信头是指发信人所在公司的名称和地址，通常是预先印制好的，一般位于信纸的正上方。内容包括电话号码、电报挂号（Cable Address）、传真（Fax）和电传（Telex）号码、信件编号或索引号码以及写信日期。

例如：

英国—— date/month/year 27 February，2008

美国—— month/date/year February 27，2008

2. 信内地址（Inside Address）

信内地址即收信人的姓名和地址，通常是在日期下面隔两行，位于书信正文的左上方。

3. 称呼（Salutation）

称呼是发信人对收信人的称号用语，自成一行，位于“信内地址”左下方的一二行处。

商务书信的称呼通常要注意下面几点。

（1）Dear Sirs 和 Gentlemen 是最常使用的公文用语，前者是英国式的称呼，后者是美国式的称呼；注意 Sirs 前通常加 Dear；Gentlemen 必须用复数。

（2）Dear Mr.（Mrs.）Smith 这种形式，用于对有过业务关系或双方关系密切的称呼。

（3）Dear Sir 是指男性，Dear Madam 是指女性，Dear Sir or Madam 是指不知道对方性别。

（4）称呼后面用冒号或逗号均可，一般用冒号。

4. 正文

正式的商务信件在每一段之间均留一空行。每一行末尾的单词一般不移行。

5. 结尾客套语

结尾客套语位于正文最后一行下面一二行处，从信纸中间偏右的地方开始写，一般占一行，第一个字母要大写，结尾用逗号。

6. 签名

签名是指发信人、书信执笔人或公司代表在书信上签上公司名称或个人名字，通常位于结尾客套语下面两行，从中间偏右处开始写，一般占 3 ~4 行：第一行写公司名称，第二行是个人签名，要用钢笔；第三行打印自己的名字，用于辨认和复信；第四行打印所属部门的名称及签名人的职称。

四、信封和书信的写法

美、英式航空信封的写法

Eric Ting

Beijing Import and Export Company

86 Baiyilu，Haidian District 100872

Beijing，PRC（发信人姓名和地址）

（发信人姓名和地址写在左上角）

Mr. Black Smith

ABC Manufacturing Company150 Giera Court Parlin，Livingstone

New Jersey 08859，USA（收信人姓名和地址）

（收信人姓名和地址写在正中央）

五、商务写作技巧及目标

1. 商务写作的十大技巧

（1）了解读者。

（2）使用第二人称，强调读者的利益。

(3) 确订单一的交流目标和目的。

(4) 清晰、简洁、直白。

(5) 使用主题行、缩格、简短的开头段落和附言。

(6) 开篇和结尾有力。

(7) 在长文件中应用标题、空白、图表。

(8) 使用主动句，少用被动句。

(9) 避免消极写作。

(10) 应用说服的技巧来影响读者。

2. 商务写作目标

商务写作通常是为了完成以下任务：通知、说服、指导、记录。

六、商务信函格式

常见的商务信函格式有：缩行式（Indented Style），半平头式（Semi-block Style），平头式（Block Style），完全平头式（Complete Block Style）。

1. 缩行式（Indented Style）

缩行式将封内地址、其他需要分行的地方的后行比前行往右缩进二至三个英文字母，各行以右斜方式排列。各段的起始字缩入四至五个英文字母。结尾客套语和签名写于中间偏右下方。

如：ABC Bottles Pty Ltd.

Kirra Road, *Ashtown* 1128

Mrs. R. G. Cole

Manager

Mabels Pty Ltd

Canterbury 8633

Dear Madam,

We must remind you …

Yours faithfully

J. Turner

Production Manager

2. 半平头式（Semi-block Style）

日期、客套语和签名一般从信纸中部写起。正文的每个段落的第一行往后缩入二至五个字母。

封内地址、称呼与左边看齐

如：ABC Bottles Pty Ltd.

Kirra Road, *Ashtown* 1128

Mrs. R. G. Cole

Manager

Mabels Pty Ltd

Canterbury 8633

Dear Madam,

We must remind you …

Yours faithfully

J. Turner

Production Manager

3. 平头式（Block Style）

平头式除信头、日期、客套语和签名外，其他部分每行开头都与左边边缘看齐。

如：ABC Bottles Pty Ltd.

Kirra Road, *Ashtown* 1128

Mrs. R. G. Cole

Manager

Mabels Pty Ltd

Canterbury 8633

Dear Madam,

We must remind you …

Yours faithfully

J. Turner

Production Manager

4. 完全平头式（Complete Block Style）

信纸中的各部分内容全部都与左边边缘齐平，从上到下一直线，段落间采用双行排列。

如：ABC Bottles Pty Ltd.

Kirra Road, *Ashtown* 1128

Mrs. R. G. Cole

Manager

Mabels Pty Ltd

Canterbury 8633

Dear Madam,

We must remind you …

Yours faithfully

J. Turner

Production Manager

七、商务信函惯用语

1. 起始用语

（1）建立贸易关系

①We are willing to establish trade relations with your company.

我们愿与贵公司建立商务关系。

②Please allow us to express our hope of opening an account with you.

我们希望与您建立业务往来。

③This corporation is specialized in handling the import and export business in electronic products and wishes to enter into business relations with you.

本公司专业从事电子产品进出口业务，与您建立业务往来。

（2）自我推荐

①Let us introduce ourselves as a leading trading firm in…

请容我们自我介绍，我们是……首屈一指的贸易公司。

②Our company has been in this line of business for many years and enjoys high international prestige.

本公司经营该业务很多年，并享用很高的国际声誉。

（3）推销产品

You will be interested in our new product…

相信您对本公司新出品的……会感兴趣。

（4）索取资料

①We are interested in your new product … and shall be pleased to have a catalog and price list.

我们对贵方的新产品……甚感兴趣，希望能寄来贵公司的产品目录及价目表。

②We have seen your AD. in The New York Times …

我们已经在纽约时报上看到您的广告……

（5）寄发资料

We have pleasures in sending you our catalogue, which gives full information about our various products.

欣寄我方目录，提供我方各类产品的详细情况

（6）查收资料

You will find enclosed with this letter a sample of new…

随函附上本公司新出品的……样品，请查收。

（7）价格

We find your quotation slightly higher than those we have received from other sources, and ask you to reduce your price to meet the competition.

我们发现你方报价比我们从其他地方收到的略为偏高，请你方降价，以适应竞争。

（8）付款

We have the pleasure of enclosing our cheque in payment of your invoice No. * *

兹附上支票一张以付清第××号发票上的金额。

2. 回复来函

①We thank you for your letter of October 27 and should like to discuss the possibility of expanding trade with you.

10 月 27 日函悉，谢谢。我方愿与你方商讨扩大贸易的可能性。

②We have received your letter of ...and shall be glad to offer you ...

已收到你方来信，很乐意为您提供……

③Thank you for your letter of September 28. We will now consider this matter seriously.

感谢您在 9 月 28 号的来信，我们将认真考虑。

3. 结尾用语

①As this matter is urgent we should appreciate an early reply.

情况紧急，盼速回信。

②Your prompt reply is eagerly awaited.

急盼您的回音。

③We look forward to hearing from you soon.

期待尽快收到您的来信。

④We anticipate the pleasure of hearing further from you.

我们期待听到您的好消息。

⑤We await your further news with interest.

我们期待您的进一步消息。

【随堂实践】

为合资公司的业务完成下面函的写作（任选）。

1. 产品调研侦讯函。
2. 参访西门子的商务函。
3. SD 压滤机销售函。

【双语范例】

商务信函

1. 请求建立商业关系

自米兰阿里斯托鞋类公司取得贵公司的联系地址，特此修函，祈能发展关系。多年来，本公司经营鞋类进口生意，现欲扩展业务范围。盼能惠赐商品目录和报价表。

如价格公道，本公司必大额订购。烦请早日赐复。

2. 回复对方建立商业关系的请求

本月 16 日收到有关商务关系的来函，不胜欣喜。谨遵要求另函奉上最新之出口商品目录和报价单。款项烦请以不可撤销保兑之信用证支付。如欲订货，请电传或传真为盼。

3. 请求担任独家代理

本公司担任多家厂家的独家代理，专营精制棉织品，包括各种家用亚麻制品，行销中东。与贵公司向有业务联系，互利互助。盼望能成为贵公司独家代理，推广在巴林市场的货品。上述建议，烦请早日赐复，以便进一步联系合作。

4. 拒绝对方担任独家代理

9 月 1 日有关建议担任家用亚麻制品独家代理的来信收悉。谨致衷心谢意。目前时机尚未成熟，不能应允该安排深感抱歉。然而，本公司乐意与贵公司先试行合作，为今后合作打下基础。为证明担任独家代理的能力，贵公司宜就上述货品作市场调查，还应扩大现有营业额。奉上该货品之报价单，敬希查照。专此候复。

5. 同意对方担任独家代理

4 月 12 日建议担任为公室器具之独家代理来信已经收悉。过去双方合作皆互利互助，能获您的眷顾作我公司于巴林的独家代理，殊感荣幸。据知贵公司服务技师曾到我公司米兰工厂受训。相信贵公司在取得代理权后，仍会继续注重合格售后服务人员的训练。现随信附上协议草稿，请查实各项条款，惠复是盼。能加强业务，我亦感到欣喜，前次到访巴林，蒙盛情款待，不胜感激。祈盼您莅临米兰，容我一尽地主之谊。

6. 借引荐建立业务关系

本月初参观哈洛加特玩具交易会时有幸与教育玩具股份有限公司的道格拉斯·盖齐先生一谈，提及本公司正物色代理人推广教学器材一事。盖齐先生赞扬贵公司积极推广产品，不断推出新的推销方法，并把其公司的成就归于贵公司完善的经销网络。贵公司的经验，正能替本公司在英国经销产品。本公司生产初级教育各学科的教育器材、专利产品梅特里克教学器材更傲视同侪。除美国教学器材外，亦备有全套英式英语版教材，适合当地市场，贵公司无需忧虑切合市场需求。现附上配有插图的英式英语版教材目录，盼抽空细阅，并赐知宝贵意见。本人拟于 10 月前两星期前往伦敦，未知能否安排会面，就以上建议作一详谈？

7. 邀请参观贸易展览会

多谢 9 月 12 日的来信和附件。获悉贵公司有意物色英国销售商推广教学辅助设备，甚感兴趣。本公司将于 10 月 2 日于厄尔大楼举行的伦敦玩具商品交易会上展示产品，诚邀贵公司派员参观设于 6 号展位。如能安排于非展出时间面谈，烦请电复。定必委派。

8. 与过去有贸易往来的公司联系

获悉贵公司在贝鲁特复业，生意发展迅速。得闻喜讯，不胜欢欣。谨祝业务蒸蒸日上。黎巴嫩战事发生前双方曾有多宗纺织品交易；贵公司更是本公司十大客户之一。现今战事平息，亟盼初步参考。若需查看样本，还望赐知。

9. 确认约会

承蒙拨冗讨论合并双方销售网，以扩大贸易发展范围，深感兴奋。现特修函确定会议日程。谨于 3 月 20 日星期一在邦德街办公室候教，请贵公司代表于当日早上 9 时莅临指导。若因故未能抽空出席，烦请致电告知，以便另行安排会晤。未知是否需代为安排旅馆膳宿？请尽早赐知，以便早作准备，款待贵客。谨此预祝会谈成功。

10. 感谢客户订货

谢谢 9 月 20 日的订单。今天我已亲自监督发送您自展览室挑选的产品。该产品随附有关文件经瑞士航空公司运送。很荣幸与你会面衷心希望是次订单能加强双方的关系。下次到访前，烦请赐知，俾能安排与本公司董事共进午餐。

11. 向长期客户推销新产品

随函寄奉配有插图的商品目录附页，介绍最新设计的产品。贵公司的邮购目录多年来收录本公司产品，产品销售成绩理想，特此致以深切谢意。最新设计的产品巧夺天工，定能吸引顾客选购。烦请参阅上述附页，需查看样本，请赐复，本公司乐意效劳。本公司现正设计一系列款式古典的英国餐具，适合北美市场需求。如感兴趣，亦请赐知。愿进一步加强联系，并候复音。

12. 为商贸指南兜揽广告

衷心感谢惠顾。贵公司商号已刊登在本公司的商贸指南中。该指南乃唯一覆盖英国全部建筑公司的刊物，在此刊登广告确是明智之举。现筹备2016年4月版的贸易指南，新版会罗列欧盟的主要管业制造商。为达到出色的宣传效果，贵公司宜考虑在不同类别刊登广告。如蒙惠顾，除首个广告外，其余类别的广告将可获半价优惠。该指南将分送给所有建筑公司和五金器具公司主管。烦请填妥随附表格，连同广告费用一并寄回。专此盼候佳音。

13. 请求客户作推荐人

从11月2日的来函得悉阁下对贵饭店的整修感到满意，此消息对本公司实是一大鼓励。设计行业重视声誉，客人在选择设计公司时必然会有所比较。如蒙允许，本公司欲请贵饭店作参考，证明有关整修的质量。未知可否让其他客户来电咨询？此外，如获允准联同客户前来参观贵饭店整修，定有极大帮助。当然，本公司会预订房间，至少留宿一晚。

Commercial Correspondence

1. Establish business relation

We have obtained your name and address from Aristo Shoes, Milan, and we are writing to enquire whether you would be willing to establish business relations with us. We have been imported shoes for many years. At present, we are interested in extending our range and would appreciate your catalogues and quotations. If your prices are competitive we would expect to transact a significant volume of business. We look forward to your early reply.

2. Reply to the request of establishing business relations

Thank you for your letter of the 16th of this month. We shall be glad to enter into business relations with your company. In compliance with your request, we are sending you, under separate cover, our latest catalogue and price list covering our export range. Payment should be made by irrevocable and confirmed letter of credit. Should you wish to place an order, please telex or fax us.

3. The request as a sole agent

We would like to inform you that we act on a sole agency basis for a number of manufacturers. We specialize in finished cotton goods for the Middle East market: Our activities cover all types of house has proved to be mutually beneficial. We are very interested in an exclusive arrangement with your factory for the promotion of your products in Bahrain. We look forward to your early reply.

4. Refuse to the other party as a sole agent

Thank you for your letter of September 1, which suggesting that we grant you a sole agency for our household linens. I regret to say that, at this stage, such an arrangement would be rather premature. We would, however, be willing to engage in a trial collaboration with your company to see how the arrangement works. It would be necessary for you to test the market for our products at your end. You would also have to build up a much larger turnover to justify a sole agency. We enclose price lists covering all the products you are interested and look forward to hearing from you soon.

5. Agree with the other party as a sole agent

Thank you for your letter of April 12 proposing a sole agency for our office machines. We have examined our long and, I must say, mutually beneficial collaboration. We would be very pleased to entrust you with the sole agency for Bahrain. From our records, we are pleased to note that you have two service engineers who took training courses in our Milan factory. The sole agency will naturally be contingent on you maintaining qualified after sales staff. We have drawn up a draft agreement that is enclosed. Please examine the detailed terms and conditions and let us know whether they meet with your approval. On a personal note, I must say that I am delighted that we are probably going to strengthen our relationship. I have very pleasant memories of my last visit to Bahrain when you entertained me so delightfully. I look forward to reciprocating（报答）on your next visit to Milan .

6. Introduction the purpose of establishing business relations

At the beginning of this month, I attended the Harrogate toy fair. While there, I had an interesting conversation with Mr. Douglas Gage of Edutoys PLC regarding that my company is selecting an agency for our teaching aids. Douglas described your dynamic sales force and innovative approach to marketing. He attributed his own company's success to your excellent distribution network which has served him for several years. We need an organization like yours to launch our products in the UK. Our teaching aids cover the whole field of primary education in all subjects . Our patented（专利的）'Matrix' math apparatus（仪器）is particularly successful. You may be worried whether American teaching aids suit your market. This is not a problem since we have a complete range of British English versions. I enclose an illustrated（插图）catalogue of our British English editions for your reference/information. Please let me have your reactions to the material. I shall be in London during the first two weeks of October. Perhaps we could arrange a meeting to discuss our proposal.

7. Invited to the trade fair

Many thanks for your letter and attachment/enclosures of September 12. We are very interested to hear that you are looking for an UK distributor for your teaching aids. We would like to invite you to visit our booth, No. 6, at next month's London Toy Fair, at Earl's court, which starts on October 2. If you would like to set up an appointment during non exhibit hall hours please call me. I can then arrange for our senior staff to be present at the meeting. We look forward to hearing from you.

8. Have a trade with the past company

We understand from our trade contacts that your company has reestablished in Beirut and is once again trading successfully in your region. We would like to express our congratulations and offer our very best wishes for your continued success. Before the war in Lebanon, our companies were involved in a large volume of trade in our textiles. We found/noticed from our records that you were among our top 10 customers. We hope that we can resume our mutually beneficial relationship since the peace has returned to Lebanon. As an initial step, I enclose our illustrated catalogue for your reference/perusal（细读）. Should you need samples for closer inspection, we will be very happy to forward them. We look forward to hearing from you.

9. Confirm the date

I would like to confirm our appointment to discuss the possibility of merging our distribution networks. I am excited about the prospect of our expanding. As agreed, we will meet at our office in Bond Street at 9 a. m. on Monday 20 March. I have scheduled the whole day for the meeting. If for any reason you are unable to attend, please phone me so that we can make alternative arrangements. Please let me know if you would like our office to arrange hotel accommodation. I look forward with great pleasure to our meeting.

10. Thank the customer order

Thank you for your order on September 20. The models you selected from our showroom go out today under my personal supervision. The package is being airfreight to you on Swiss Air. The relevant documentation is enclosed. I enjoy meeting you and hope that this order represents the beginning of a long and prosperous relationship between our companies. The next time you visit us, please let me know in advance so that I can arrange a lunch for you with our directors. Sincerely yours.

11. To promote new products to long-term customers

I enclose an illustrated supplement to our catalogue. It covers the latest designs which are now available from stock. We are most gratified that you have included a selection of our products in your mail-order catalogues for several years. The sales have been very steady. We believe that you will find our new designs most attractive. They should get a very good market share. We would be very happy to send you the samples for closer inspection once you have had time to study the supplement and replied. For your information, we are planning a range of classical English dinner services which is suitable for the North American market. We will keep you informed on our progress and look forward to hearing from you.

12. As a guide for commercial advertising

Thank you for your business. You are currently represented in our directory. This is the only directory that reaches all companies in the building and construction industry in the

UK. Advertising in our directory is a wise move on your part. We are currently compiling a new edition of the directory which will be published in April 2016. The new edition will be expanded to include major manufacturers of plumbing equipment in the European Union. For proper coverage in the directory, you ought to appear in more than one category. If you do choose for a multiple listing, you will be able to buy space in additional categories at half price. You can be assured that the new edition will be on the desks of all the major decision makers in the building and hardware trades. Please complete and return the enclosed form with the appropriate fee. Thanks again for your business.

13. Please make a recommendation to the client

Thank you for your letter of November 2. We are delighted to hear that you are pleased with the refurbishment of your hotel. As you know, in designing industry, we heavily depend on good reports of our projects to win further business. Our clients always look around and rely on references before making a decision. With your permission, we would like to use your hotel as a reference when we meet similar refurbishments in the hotel industry. Would you mind that our future clients bother to call you? It would also be most helpful if we could occasionally bring a client to look at your hotel. We would stay overnight at least, of course. Thanks again for your kind words.

任务九 签订合同有保障

【任务综述】

组织学生观看“合作企业”收存的情景短片——“合同纠纷”案例；了解《中华人民共和国合同法》（以下简称《合同法》），明白《合同法》在订立合同中的重要意义，增强法制观念。

任务：学生分组研究、学习《合同法》。完成“购置10吨钢材”或“WER生产线安装”合同的签订。

一、任务目标

1. 知识目标

了解经济类合同的概念、种类和签订原则；掌握经济类合同的写作要领及注意事项。

2. 能力目标

能根据《合同法》撰写规范的经济类合同。

二、任务实施

1. 以一则合同纠纷案例引起学生对合同的重视，引导学生探究发现合同的作用、意义及签订的原则。

2. 教师通过案例分析，让学生总结出合同写作的要领及注意事项。

3. 学生分组模拟公司的谈判、签约。

(1) 代"合作企业"完成"购置10吨钢材的合同"(课前实地调查)。

(2) 代"合作企业"完成"WER生产线安装合同"(课前实地调查)。

4. 成果展示

(1)"合作企业""购置10吨钢材的合同"。

(2)"合作企业""WER生产线安装合同"。

【任务资讯】

一、合同的概念和种类

二、订立经济合同的形式、格式

三、经济合同的写作方法

四、撰写经济合同应注意的问题

【资讯链接】

一、合同的概念和种类

1. 合同的概念

合同，通常也叫合约或契约。1999年3月15日，第九届全国人民代表大会第二次会议审议通过了《中华人民共和国合同法》(自1999年10月1日起实施，以下简称《合同法》)，原先的《中华人民共和国经济合同法》《中华人民共和国涉外经济合同法》《中华人民共和国技术合同法》同时废止。此法对合同的概念作了统一的界定："合同是平等自然人、法人、其他经济组织之间设立、变更、终止民事权利义务关系的协议。"

经济合同依据其经济性质，是指平等主体的法人、其他经济组织、个体工商户、农村承包经营户之间，为了实现一定的经济目的，明确相互权利义务关系而订立的协议。

2. 经济合同的种类

合同名目繁多，从不同的性质和角度进行划分，可得到不同分类结果。

(1) 按内容分，可从不同合同的内容得到相应的类别，如买卖合同、赠与合同、租赁合同、承揽合同、建设工程合同、运输合同等。

（2）按形式分，可分为条款式合同、表格式合同以及条款、表格相结合式合同。

（3）按时间分，可分为短期合同、中期合同、长期合同。

（4）按责任人分，可分为单位合同、个人合同。

二、订立经济合同的形式、格式

1. 订立经济合同的形式

一般来讲，除即时清结者外，经济合同应一律采用书面形式。我国《合同法》第10条规定："法律、行政法规规定采取书面形式的，应当采用书面形式，当事人约定采用书面形式的，应当采用书面形式。"书面形式中，随着现代通信方式的改变，当事人协商同意的有关修改合同的书信、电报、电传和图标，也是合同的组成部分。即时清结，是指经济合同的订立、履行、终止几乎是同时完成的，没有时间差，所以没有必要一定要订立书面协议。

2. 经济合同的格式

经济合同的格式有条款式、固定式或条款和表格结合式。

（1）条款式合同，是用文字记叙的方式，把当事人双方协商一致的内容逐条记载下来。根据交易的实际需要，按合同习惯顺序将文字要求的权利义务关系规定下来。因其没有规定格式的限制，可以随合同的内容及双方当事人的要求随意增减，所以，常用于非常规性的业务活动合同的订立。

（2）固定式合同，是把某项合同必不可少的相关内容分项设计、印制成一种固定格式，在双方当事人签订合同时，只需把达成的该项协议逐项填写到表格或文字空当上即可。这种固定式合同是依业务需要并在长期的实践中形成的，比较规范、详尽，一般无须再增减，也可以避免再签订合同时由于考虑不周全而遗漏相关内容。所以常规性的业务活动一般均采用固定式合同。

（3）条款和表格结合式，是将某项合同中具有共同性的内容用表格形式规定下来，对于某些非常规性的部分则根据双方当事人的协商意见，用条款格式规定下来。这种条款和表格结合的形式，比条款式和表格式更具有灵活性，可以让合同签订人有更多的选择余地。

三、经济合同的写作方法

经济合同的写作方法是依据《中华人民共和国合同法》（以下简称《合同法》）规定的主要内容确定的。

1. 经济合同的主要内容

经济合同的内容也可以称之为合同应具备的基本条款或合同的文体结构。《合同法》第12条规定，经济合同的内容由当事人约定，一般包括以下条款：①当事人的名称或者姓名和住所；②标的；③数量；④质量；⑤价款或者报酬；⑧履行期限、地点和方式；⑦违约责任；⑧解决争议的方法。当事人可以参照各类合同的示范文本订立合同。

2. 经济合同的写作方法

一般经济合同都有着固定的结构形式，具体由以下几个部分组成。

（1）首部。首部包括以下内容。

标题。即合同的名称。在确定标题时可以直接将合同的种类作为合同的名称，如《借款合同》《租赁合同》；可以根据需要将合同执行内容与合同种类结合起来作为合同名称，如《房屋租赁合同》《商业借款合同》等；也可以将合同执行时间与合同种类结合起来作为合同名称，如《2014 年冬季服装购销合同》《2014 年 6 月可口可乐购销合同》；还可以把签约单位的名称加入合同的题目中作为合同名称。

标题在合同文本中应写在合同首页上方居中的位置。

当事人。当事人指具有法人资格的法人单位和具有公民资格的自然人。在经济合同标题的左下方，分行并列写明签订合同当事人的单位名称及法定代表人或自然人姓名，并在名称或姓名前面注明谁是甲方，谁是乙方。也可在名称或姓名的后面用括号注明“甲方”和“乙方”。

经济合同编号与签订地点、时间。在合同标题的右下方，分行并列写明该合同的编号、签订地点及时间。

（2）正文。正文一般包括以下内容。

引言。在经济合同标题的下方，第一段开始，应将双方签订合同的依据和目的进行交代。如：根据我国《合同法》的有关规定，转让方与受让方根据技术转让合同的要求，本着互利原则，经双方协商一致，签订本合同。或采用与此相类似的写法：“为了……目的，根据……的规定，经双方充分协商，特订立本合同，以便共同遵守。”在一般情况下，经济合同都可以采用这种开头方式。

经济合同条款。该部分是合同的主要内容，是合同的重点，是双方行使权利、享受义务的依据，按照《合同法》的规定，合同应具备以下主要条款：

标的。它是当事人双方权利和义务共同指向的对象，可以是货物、劳务、工程项目；智力成果等。例如，购销合同的标的是货物，建筑工程承包合同的标的是劳务。具体到某一种合同，标的可以分为有形物、无形财产和经济行为，购销合同的标的是某种产品，是有形的；专利技术转让合同的标的是专利技术，它所转让的是一种权利，是无形的；货物运输合同的标的是劳务。所有的经济合同都必须有确切的标的，没有标的或标的不明确的合同，双方的权利和义务也就没有了确指对象，合同也就不能正常履行。在签订合同时，应将标的明确加以说明，如商品货物的标的就应该包括商品名称、规格、型号或代号、牌号及商标等。

数量和质量。这是衡量标的的尺度。在签订合同时，数量必须按照国家法定计量标准和计量单位计量。质量是标的的内在素质和外观形态的综合反映，它可以体现出商品、产品或劳务的优劣程度，质量条款也必须符合我国标准化法和产品质量法的规定。

价款和酬金。价款指为获取标的物而交付的货币数量。购销产品中支付的货款、借款合同中支付的利息、财产租赁合同中支付的租金、运输合同中支付的运费、保管合同中支付的保管费等都属于价款。为获取标的物而支付的劳务佣金称为酬金。价款和酬金的标准，当事人可以议价商定。

履行的期限、地点和方式。履行期限是指当事人完成合同规定义务的时间范围。根据不同内容的合同，履行期限有具体所指内容。例如，购销合同的履行期限指供货时间和因质量而引发的货物退换时间；劳务合同的履行期限指劳务起止的期限。经济合同必须有时限要求。比如，购销季节性产品，其合同就必须有期限要求，违背了供货期限，必然会给对方造成经济损失。履行的地点是指交付、提取标的的具体地理位置。履行的方式是指当事人双方履行合同的方式，包括交付方式（自提、送货），验收方式（验收规范、验收标准、质量检验标准），价款结算方式（采用何种银行转账结算方式）。

违约责任和争议的解决方法。违约责任是指经济合同依法成立后，由于合同当事人一方或双方的过错而导致合同不能履行或不能适当履行，有过错的一方应当承担的责任。对违约责的追究，可以用支付违约金、支付赔偿金、继续履行合同等方式解决。如因违约产生争议，可根据《合同法》第 128 条的规定解决。“当事人可以通过协商或者调解解决合同争议。当事人不愿和解、调解或者和调解不成的，可以根据仲裁协议向仲裁机构申请仲裁……当事人没有订立仲裁协议或者仲裁协议无效的，可以向人民法院起诉，当事人应当履行发生法律效力的判决、仲裁裁决、调解书；拒不履行的，对方可以请求人民法院执行。”

（3）尾部。这部分主要是双方当事人的落款，要写清楚双方当事人的有关情况，主要包括：双方当事人签名，盖章，单位合同要签明双方单位全称、法人代表姓名，加盖公章、专用章，还要有双方法定代表人签字；②双方单位住址、电话号码、电报挂号、传真号码、邮政编码；③双方开户银行、银行开户名、账号，必要时由双方自愿可请有关机构鉴证或公证，鉴（公）证机构可在双方当事人情况栏后签署有关意见。有的合同不将签订时间签于合同上方，而是落在合同全文右下方，这也是可以的。

四、撰写经济合同应注意的问题

1. 遵守《合同法》

经济合同是依据法律规定而签订的，这是与其他文书不同的地方，所以撰写合同时应严格遵守《合同法》的规定，在其内容上、签订的程序上，都不得与国家法律和法规相违背。凡违反《合同法》的合同，均属于无效合同。

订立合同必须贯彻平等互利、协商一致、等价有偿的原则。平等互利是指订立合同的当事人法律地位的平等，任何一方不得因自己的行政地位高于对方或技术有优势、经济实力雄厚而把自己的意志强加给对方，强行订立违反对方当事人意志的经济合同。协商一致是指合同是在双方充分协商的基础上订立的，而不是以胁迫、利用对方急需产品或无经验等而签订的。等价有偿是指双方从交易中得到相应的补偿，任何一方都不能强迫对方无偿交付物品。在履行合同中一方受到损害时，也要进行补偿。价格合理、价实相符是等价有偿的体现。

2. 格式规范

经济合同是规范性文本，一般具有固定的格式以保证合同条款的齐全。对于因特定需要而签订的合同，需要在撰写时认真斟酌，要采用规范形式，合同条款要详细、周全。

3. 语言准确

合同的语言要求严谨、无歧义，标点正确；有关数字准确，计量要采用法定单位，涉及技术问题的，要正确使用术语。

【随堂实践】

1. 经济合同的种类有哪些？经济合同的格式包括什么？

2. 王小姐是一名下岗职工，与邻居张太太交谈中透露出想租房开办一所幼儿园。正巧张太太有两套闲置住房，愿意租赁给王小姐，经协商，双方签订一份三年期合同，月租2000元。请你为其代写一份合同。

3. 调查（分组完成；每组选其一）

（1）“合作企业”关于“购置10吨钢材的合同”。

（2）“合作企业”关于“WER生产线安装合同”。

【双语范例】

委托持股协议

甲方（委托方）：	乙方（受托方）：
法定代表人：	国籍：
注册地址：	证件号：
	住所：

甲方以下简称“委托方”，乙方以下简称“受托方”，甲乙双方经友好协商于______年____月____日，就委托持股有关事宜签署如下协议条款：

一、委托持股及股权归属

1. 委托方同意根据本协议规定的条款和条件，委托受托方以受托方名义持有委托方所有的________________公司的________________股权（以下简称“指定股权”）；受托方同意根据本协议规定的条款和条件接受委托方委托，以自己的名义持有指定股权。

2. 双方在此确认：

（1）自______年____月____日起，因持有指定股权而产生的在公司的股东权利、利益、义务和责任均由委托方享有并承担；指定股权不属于受托方自有财产，受托方仅作为公司名义上的股东，不享有因持有指定股权而产生的相应股东权益，亦不承担相应的亏损和责任。

（2）受托方因自身债务而导致纠纷、诉讼可能导致指定股权被冻结、查封、拍卖、变卖或受到其他损失时，应书面通知委托方，并向相关债权人、诉讼法院说明指定股权的性质，确保指定股权不被冻结、查封、拍卖、变卖或遭受损失。

二、股东权利的行使

1. 基于指定股权而产生的在公司所享有的股东权利及义务，均由委托方享有并承担。股东权利包括但不限于公司股东享有的下述权利：

（1）以转让、赠与、出资、质押、抵押、托管、租赁等可能使指定股权所有权发生转移或受到限制的任何方式处置指定股权；

（2）公司股东会出席、召集及表决权；

(3) 股东会提案权；

(4) 公司董事、监事提名权；

(5) 分红权；

(6) 公司剩余财产分配权；

(7) 根据法律、法规及公司章程，作为公司股东应享有的其他权利。

2. 委托方在行使上述公司股东权利时，受托方应给予无条件配合和协助（包括但不限于向委托方或委托方指定的其他出具授权委托书或出具法律、法规性文件要求的各项有关法律文件等）将上述股东权利授予委托方或委托方指定的他方。

3. 委托期限内，若委托方转让指定股权，公司实施分红、送股、转增股本，该等权利及收益由委托方享有。其中的分红款、股权受让款、现金分红款，受托方应出具委托指令，委托公司、付款方将其直接付至委托方账户，若公司、付款方直接付给受托方的，受托方应在到账之日起3个工作日内全额划至委托方指定账户；送股及转增股本作为委托财产，由受托方按本协议规定代为持有。

4. 未经委托方书面同意，受托方不得自行或授权委托方以外的其他单位或个人行使公司股东权利。

5. 委托方作为指定股权的实际出资人，在受托方不能或因其他任何原因未行使指定股权相应的股东权利时，委托方有权依据本协议直接行使相应股东权利而不需要受托方的另行授权。

三、股权处置

1. 指定股权的质押、托管、转让（包括赠与）等事项由委托方决定，未经委托方同意，受托方无权将指定股权质押、托管、转让给委托方以外的其他单位及个人，或以投资、置换等任何其他方式处置指定股权。

2. 委托方拟转让指定股权时，受托方应给予无条件配合，包括提供相关法律文件，配合委托方办理股权过户有关手续等。

3. 委托方拟以指定股权提供质押时，受托方应给予无条件配合，包括按委托方意志与质押权人签署股权质押合同及相关法律文件，配合委托方办理质押登记有关手续等。

4. 委托方拟将指定股权托管给他人时，受托方应给予无条件配合，包括按委托方意志与受托人签署股权托管合同及其他相关法律文件，配合委托方办理托管手续等。

四、委托期限

委托期限自本协议生效之日开始至下述情形之一发生之日终止：

(1) 指定股权已全部完成股权交割过户手续，已登记至委托方或委托方指定的他方名下。

(2) 受托方按照委托方指令，将指定股权全部出售，并将股权转让款全部划至委托方指定账户。

(3) 本协议被委托方解除。

五、保密条款

1. 各方同意并承诺，除非本协议中有明确规定或经另一方同意，任一方均不得擅自向任何其他个人或单位泄露本协议或相关事宜，与本协议有关的任何信息，在确实需要对外披露时，应经双方协商一致。

2. 各方均有义务在现在和将来不以任何方式故意或过失泄露在洽谈、进行过程中获知的对方及公司商业秘密，除非：

（1）该秘密被秘密拥有者一方公开而进入公众所知领域。

（2）经秘密拥有者一方事前书面同意。

（3）执行不可上诉的法院判决裁定以及仲裁裁决。

（4）履行国家法律、法规明文规定的义务。

六、违约责任及责任免除

1. 双方均应严格信守本协议，任一方违反本协议，应当承担违约责任，并赔偿对方由此造成的所有经济损失。

2. 委托方行使本协议第二条约定的股东权利时，受托方如拒绝履行其配合和协助义务（包括但不限于：拒绝向委托方出具授权委托书或出具法律法规、股权性文件要求的各项有关法律文件；拒绝与委托方签署新委托持股协议），受托方应就每次违约按照指定股权公允价值的5%向委托方支付赔偿金并同时赔偿损失及继续履行该等义务。

3. 发生不可抗力事件或国家法律、法规发生重大变化导致协议一方或双方确实不能履行本协议规定义务的，发生不可抗力或受国家法律、法规变化影响的一方应在事实发生之日起10个工作日内书面通知另一方并提供有效证明文件，则可免除承担违约责任。

七、协议效力及其他

1. 本协议自委托方、受托方签署之日生效，本协议一经生效，任一方均无权单方解除本协议或终止本协议的继续履行，否则，应承担违约责任。

2. 本协议经委托方、受托方协商一致，可以书面方式变更、终止或解除。

3. 本协议一式三份，具有同等法律效力。双方各持一份，第三方公司留存一份。

甲方：（盖章）　　　　　　　　　　乙方：（签字）

法定代表人

（或授权代表）签字：

日期：　　　　　　　　　　　　　　日期：

Shareholding Entrustment Agreement

Party A (Entrusting Party):　　　　Party B (Entrusted Party):

Legal Representative:　　　　Nationality:

Registered Address:　　　　Document No.:

Domicile:

Party A (hereinafter referred to as the "Entrusting Party") and Party B (hereinafter referred to as the "Entrusted Party") have conducted friendly consultations and concluded the following agreement concerning the subject matter of entrusted shareholding on ________

(MM/DD/YY).

Ⅰ. Shareholding Entrustment and Equity Ownership

1. The Entrusting Party hereby agrees to comply with the terms and conditions stipulated in this Agreement and entrust the Entrusted Party with the ownership of the ______________ Company's ______________ equity (hereinafter referred to as "Designated Equity") which is owned by the Entrusting Party and will be owned in the name of the Entrusted Party, while the Entrusted Party agrees to own the Designated Equity in its own name and accept the entrustment of the Entrusting Party in compliance with the terms and conditions stipulated in this Agreement.

2. Both Parties hereby confirm the following:

(1) Since ______________ (MM/DD/YY), the Entrusting Party shall enjoy all the shareholder's rights and interests and assume all the obligations and responsibilities arising from the ownership of the Designated Equity; the Designated Equity will not belong to part of the proprietary property of the Entrusted Party. The Entrusted Party will only serve as the nominal shareholder of the Company and will neither be entitled to the corresponding shareholder's interests nor bear losses and responsibilities arising from the ownership of the Designated Equity.

(2) In case that the Designated Equity may be frozen, sealed up, auctioned, sold off or undergo any other loss due to any dispute or litigation arising from the Entrusted Party's own debt problems, the Entrusted Party shall notify the Entrusting Party of the foregoing incident or loss and inform relevant creditor and court of the nature of the Designated Equity to ensure that the Designated Equity will not be frozen, sealed up, auctioned, sold off or undergo any other loss.

Ⅱ. Exercise of Shareholder's Rights

1. All the shareholder's rights and obligations for the Company arising from the Designated Equity will be enjoyed or assumed by the Entrusting Party. The shareholder's rights include but are not limited to the following rights enjoyed by the Company's shareholder:

(1) The disposition of the Designated Equity in such ways as transfer, betrothal, financing, pledge, mortgage, trusteeship or lease that may change or constrain the ownership of the Assigned Equity;

(2) The rights of attendance, assembly and voting at the shareholders' meeting of the Company;

(3) The right of submitting proposals at the shareholders' meeting;

(4) The right of nominating the directors and supervisors of the Company;

(5) The right of profit-sharing;

(6) The right of distributing the remaining property of the Company;

(7) Other rights the shareholder shall enjoy according to relevant laws, regulations and the Articles of Association of the Company.

2. While the Entrusting Party is exercising its rights as the shareholder of the Company, the Entrusted Party shall render support and assistance unconditionally (including but not limited to the issuance of power of attorney or all relevant legal documents required by the law and regulations to the Entrusting Party or any other Party designated by the Entrusted Party) with a view to transferring the foregoing shareholder's rights to the Entrusting Party or any other Party designated by the Entrusted Party.

3. If the Entrusting Party transfers the Designated Equity and the Company distributes dividends, presents shares or increases the capital stock during the term of entrustment, such rights and benefits shall be entitled to the Entrusting Party. The Entrusted Party shall issue a power of attorney to authorize the Company and Payer to directly transfer the dividends for profit-sharing, equity transfer or cash bonus to the account of the Entrusting Party. If the Company and Payer directly pay the foregoing dividends to the Entrusted Party, the Entrusted Party shall transfer the full amount of the dividends to the account designated by the Entrusting Party in three working days. The shares presented or capital stock increased will be used as the entrusted property and held by the Entrusted Party in accordance with the regulations of this Agreement.

4. Without the written consent of the Entrusting Party, the Entrusted Party shall not exercise the rights as the Company's shareholder at its discretion or authorize any organization or individual other than the Entrusting Party to exercise such rights.

5. When the Entrusted Party is unable to, or for any other reason fails to, exercise the shareholder's rights corresponding to the Designated Equity, the Entrusting Party, as the actual investor of the Assigned Equity, will be entitled to directly exercise the corresponding shareholder's rights according to this Agreement without the additional authorization of the Entrusted Party.

Ⅲ. Disposition of Equity

1. The pledge, trusteeship, transfer (including presentation) and other matters of the Designated Equity shall be determined by the Entrusting Party. Without the consent of the Entrusting Party, the Entrusted Party will not be entitled to pledge, entrust or transfer the Designated Equity to any organization or individual other than the Entrusting Party or to dispose of the Designated Equity in any other ways including investment and trade-off.

2. When the Entrusting Party plans to transfer the Designated Equity, the Entrusted Party shall offer support unconditionally by providing relevant legal documents and assisting the Entrusting Party in handling the formalities for the transfer of equity ownership.

3. When the Entrusting Party plans to pledge the Designated Equity, the Entrusted Party shall offer support unconditionally by signing a pledge contract and relevant legal documents with the pledger as required by the Entrusting Party and assisting the Entrusting Party in handling the formalities for the pledge registration.

4. When the Entrusting Party plans to pledge the Designated Equity, the Entrusted Party

shall offer support unconditionally by signing a pledge contract and relevant legal documents with the pledger as required by the Entrusting Party and assisting the Entrusting Party in handling the formalities for the pledge registration.

Ⅳ. Term of Entrustment

The term of entrustment commences from the day of validation of this agreement and terminates on the day when any of the following events occurs:

(1) The formalities for the transfer of equity ownership have been completed for all the Designated Equity which has been registered in the name of the Entrusting Party or any other Party designated by the Entrusting Party.

(2) In compliance with the instructions of the Entrusting Party, the Entrusted Party has sold out the Designated Equity and transfer the equity transfer payment to the account designated by the Entrusting Party.

(3) This Agreement is revoked by the Entrusting Party.

Ⅴ. Confidentiality Clause

1. The Parties agree and promise that unless it is expressly defined in this Agreement or agreed by the other Party, either Party shall not disclose any information or matters on this Agreement to any other organization or individual and the disclosure of any information on this Agreement, if necessary, shall be subject to the consultation and consent by both Parties.

2. At present and in the future, both Parties shall be obliged to disclose, by mistake or on purpose, any business secret shouldn't be obtained during negotiations or performance of this Agreement unless:

(1) The business secret has been disclosed by its owner and known by the public.

(2) The disclosure of the business secret has been proved with the written consent of the owner of the business secret.

(3) The disclosure is aimed to execute a ruling of an unappealable court or an arbitration award.

(4) The disclosure is aimed to perform certain obligations expressly stipulated by the state laws or provisions.

Ⅵ. Liability for Breach of Agreement and Disclaimer Clause

1. Both Parties shall comply with this Agreement in good faith. If either Party breaches this Agreement, it shall bear the liability for breach of agreement and compensate the other for all the loss thus incurred.

2. If the Entrusted Party refuses to perform its obligations of rendering support and assistance to the Entrusting Party (including but not limited to: the refusal to issue a power of attorney or any other legal documents required by relevant laws, regulations and equity-related files, the refusal to sign a new entrusted shareholding agreement with the Entrusting Party, etc) while the Entrusting Party is exercising the shareholder's rights stipulated by the second article of this Agreement, the Entrusted Party shall pay the Entrusting Party a compensation for

each breach in an amount of 5% of the Designated Equity's fair value, indemnify the Entrusting Party for any loss thus incurred, and proceed to perform such obligations.

3. In case that any force majeure event occurs or relevant laws and provisions change dramatically so that either Party or both Parties to this Agreement fail to perform the obligations specified in this Agreement, the Party which has been affected by a force majeure event or a change of state laws or provisions will be exempt from the liability for the breach of agreement if it has notified the other Party in writing and provided valid documents within ten working days since the day of such occurrence.

Ⅶ. Validity of Agreement and Miscellaneous Clauses

1. This Agreement will come into effect since the day when it is signed by the Entrusting Party and the Entrusted Party. Once it becomes effective, neither Party shall have the right to unilaterally revoke this agreement or terminate the performance hereof. Otherwise, the responsible Party shall bear the liability for breach of agreement.

2. This Agreement can be altered, terminated or revoked in written form after the Entrusting Party and the Entrusted Party have negotiated and reached a consensus.

3. This Agreement is prepared in three counterparts with the same legal force. One counterpart is held by Party A, Party B and The Third Co., Ltd. respectively.

Party A: (Official Seal)　　　　Party B: (Signature)

Signed by Legal Representative

(or Authorized Representative):

Date: __________ (MM/DD/YY)　　　　Date: __________ (MM/DD/YY)

任务十 精通票据有学问

【任务综述】

德州职业技术学院安排经济管理系 2013 级会计电算化专业学生，于 2015 年下学期，分期分批到合作企业财务部门实习实训，现场实际操练，以帮助学生掌握会计、出纳、统计、报账、预算核算等会计实务。团队由专业任课老师带队指导，聘请有实际工作经验的会计师具体指导学生的实际会计工作演练。每月安排一个教学班实训，争取 2013 级会计电算化专业 5 个教学班级半年内完成实训教学任务。

据此，我们模拟场景来学习支票、商业汇票、信用卡、汇兑几种财经票据的相关知识。

一、任务目标

1. 知识目标

（1）了解支票、商业汇票、信用卡、汇兑几种票据的概念、种类及相关基本情况。

（2）掌握几种票据的使用规定。

2. 能力目标

能够熟练掌握各类票据的使用流程与规定。

二、任务实施

1. 教师出示几种票据实物，引导学生分清几种票据，并了解各种票据的种类、特点及相关知识。

2. 学生修改填写不正确的票据，教师指导填写各类票据的注意事项。

3. 分组演练，学生分组自设情境，模拟财务人员。

4. 成果展示：学生模拟财务人员和客户因不同业务使用不同票据的情境。

【任务资讯】

一、支票

二、商业汇票

三、信用卡

四、汇兑

【资讯链接】

一、支票

1. 概念

支票是出票人委托银行或者其他金融机构见票时无条件支付一定金额给收款人或者持票人的票据。

2. 种类

（1）普通支票，既可以用来支取现金，亦可用来转账。普通支票用于转账时，应当在支票正面注明，即在普通支票左上角画两条平行线。

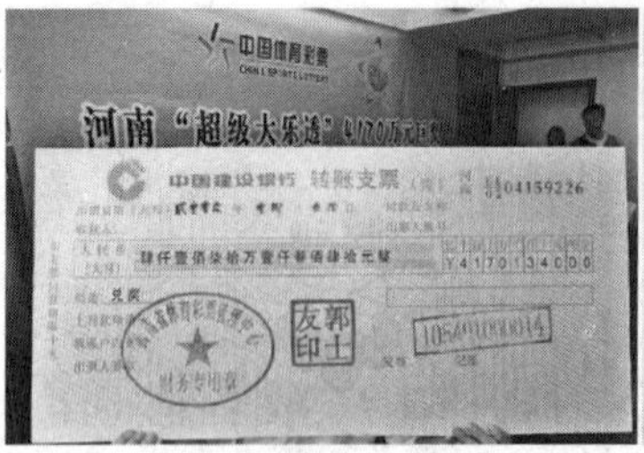

（2）现金支票（只能用于支取现金）。

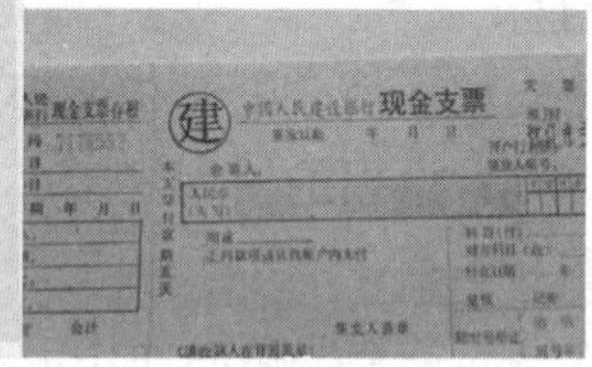

（3）转账支票（只能用于转账）。

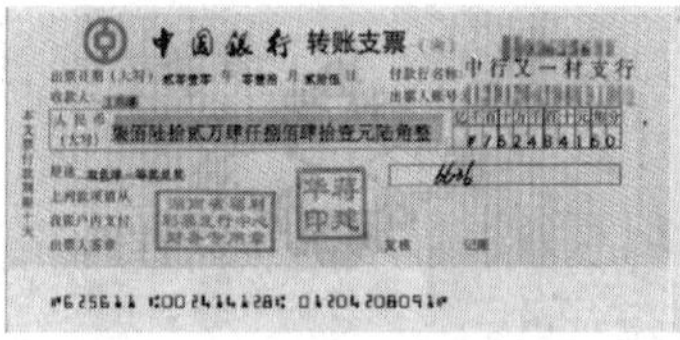

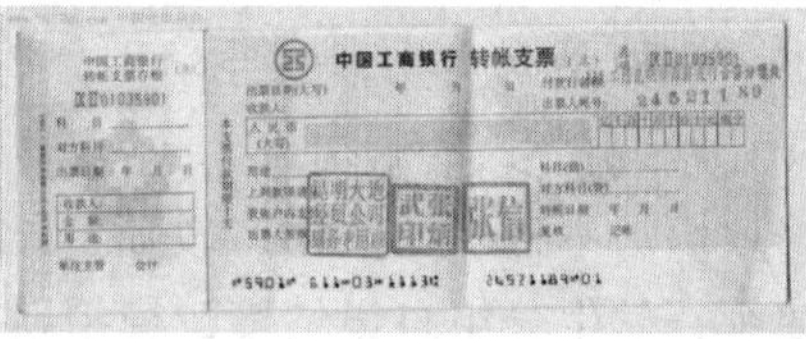

3. 出票

（1）出票的概念。出票人签发支票并交付的行为即为出票。开立支票存款账户，申请人必须使用其本名，并提交证明其身份的合法证件。开立支票存款账户，申请人应当预留其本名的签名式样和印鉴。

（2）支票的格式。

绝对应记载事项：表明“支票”字样；无条件支付的委托；确定的金额（出票人可以授权收款人就支票金额补记，收款人以外的其他人不得补记，在支票金额未补记之前，收款人不得背书转让，提示付款）；付款人名称（支票上未记载收款人名称的，经出票人授权，可以补记，出票人可以在支票上记载做自己为收款人）；出票日期；出票人签章。

相对应记载事项：付款地、出票地（支票上可以记载非法定记载事项，但这些事项并不发生支票上的效力）。

（3）出票的其他法定条件。支票的出票人所签发的支票的金额不得超过其付款时在付款人处实有的存款金额（签发空头支票是一种违法行为，对其责任人要给予严厉的处罚和制裁，构成犯罪的，要依法追究其刑事责任）。支票的出票人不得签发与其预留本名的签名式样或者印鉴不符的支票，使用支付密码的，出票人不得签发支付密码错误的支票（作为支票付款人的银行并不是支票上的债务人，只是受出票人的委托从其账户支付票款）。

（4）出票的效力。出票人作成支票并交付之后，对出票人产生相应的法律效力。出票人必须按照签发的支票金额承担保证向该持票人付款的责任。出票人必须在付款人处存有足够可处分的资金，以保证支票票款的支付。当付款人对支票拒绝付款或者超过支票付款提示期限的，出票人应向持票人承担付款责任。

4. 付款

支票属见票即付的票据，因而没有到期日的规定。支票的出票日实质上就是到期日。

（1）提示期间。支票的持票人应当自出票人起10日内提示付款；异地使用的支票，其提示付款的期限由中国人民银行另行规定。超过提示付款期限的，付款人可以不予付款。持票人超过提示付款期限的，并不丧失对出票人的追索权，出票人仍应当对持票人承担支付票款的责任。

（2）付款。出票人在付款人处的存款足以支付支票的金额时，付款人应当在当日足额付款。

（3）付款责任的解除。付款人依法支付支票金额的，对出票人不再承担受委托付款责任，对持票人不再承担付款的责任。

5. 办理要求规定

（1）要严格做到“九不准”。①不准更改签发日期。②不准更改收款人名称。③不准更改大小写金额。④不准签发空头支票。⑤不准签发远期支票。⑥不准签发空白支票。⑦不准签发有缺陷的支票。⑧不准签发用途弄虚作假的支票。⑨不准将盖好印鉴的支票存放于他人处让其代为签发。

（2）要做到要素齐全、内容真实、数字正确、字迹清晰。

（3）要由专人签发。

6. 兑付支票的要求

（1）持票人委托开户银行收款时，应作委托收款背书，在支票背面背书人签章栏签章，记载委托收款字样、背书日期，在支票背书人栏记载开户银行名称，并将支票和填制的进账单送交给开户银行。

（2）持票人持用于转账的支票向付款人提示付款时，应在支票背面背书人签章栏签章，并将支票和填制的进账单送交开户银行。

（3）持票人用于支取现金的支票向付款人提示付款时，应在支票背面收款人签章处签章，持票人为个人的，还需交验本人身份证件，并在支票背面注明证件名称、号码及发证机关。

二、商业汇票

1. 商业汇票的概念

汇票是出票人签发的、委托付款人在见票时或者在指定日期无条件支付确定的金额给收款人或者持票人的票据。分为银行汇票和商业汇票。

2. 商业汇票的种类

（1）商业承兑汇票。指由收款人签发，经付款人承兑，或由付款人签发并承兑的票据。

（2）银行承兑汇票。指由收款人或承兑人申请人签发，并由承兑申请人向开户银行申请，经银行审查同意承兑的票据。

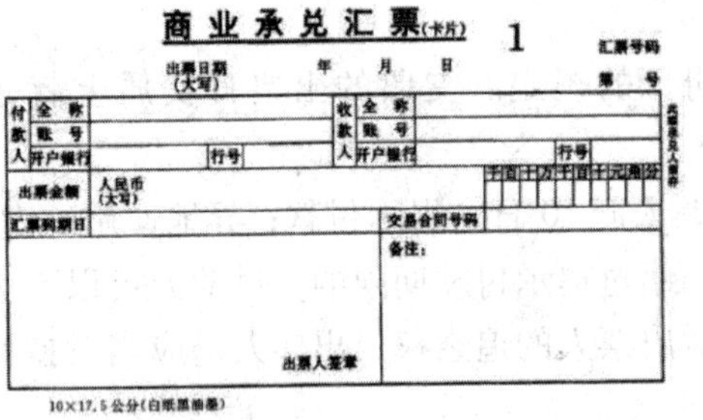

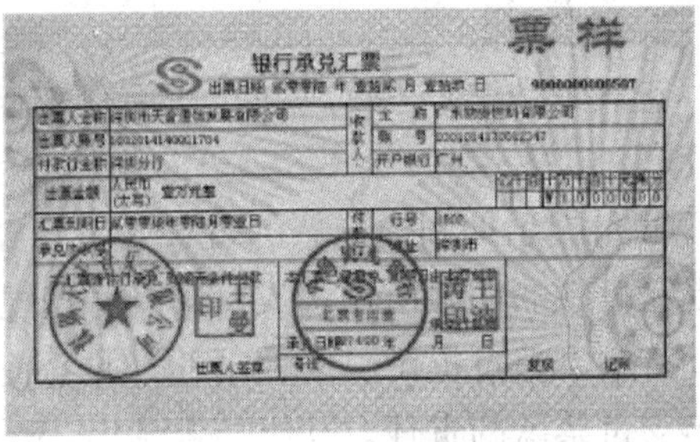

3. 出票

（1）出票的概念

出票是指出票人签发票据并将其交付给收款人的票据行为（出票亦称发票）。由于汇票是出票人委托付款人向持票人支付票据金额的一种委付证券，故出票人与付款人之间必须存在真实的支付委托关系，即出票人与付款人之间必须存在事实上的资金关系或者其他债权债务关系。

（2）汇票的格式。汇票是一种要式证券，出票行为是一种要式行为，故汇票的作成必须符合法定的格式。

绝对应记载事项

①表明“汇票”的字样；②无条件支付的委托；③确定的金额；④付款人名称；⑤收款人名称；⑥出票日期；⑦出票人签章。

相对应记载事项

①付款日期（汇票除见票即付外，其金额一般是在签发汇票后一段时间才付款）；②付款地（如果汇票上未记载付款地，也不必然导致票据无效，而是依据法律的规定确定付款地）；③出票地。

（3）出票的效力。对收款人的效力（收款人享有付款请求权和追索权）；对付款人的效力；对出票人的效力。

4. 承兑

（1）承兑是指汇票付款人承诺在汇票到期日支付汇票金额的票据行为（承兑是汇票特有的制度）。

（2）承兑的程序。

提示承兑（因汇票付款日期的形式不同，提示承兑的期限亦不同）。

①定日付款或者出票后定期付款的汇票，持票人应当在汇票到期日前向付款人承兑。②见票后定期付款的汇票，持票人应当自出票日起1个月内向付款人提示承兑（该种汇票属于必须提示承兑的汇票）。③见票即付的汇票无需提示承兑。

承兑成立。

①承兑时间（付款人对向其提示承兑的汇票，应当自收到提示承兑的汇票之日起3日内承兑或者拒绝承兑）。②接受承兑（付款人收到持票人提示承兑的汇票时，应当向持票人签发收到汇票的回单。回单上应当记明汇票提示承兑日期并签章）。③承兑的格式（付款人承兑汇票的，应当在汇票正面记载“承兑”字样和承兑日期并签章；见票后定期付款的汇票，应当在承兑时记载付款日期）。④退回已承兑的汇票（只有在其将已承兑的汇票退回持票人才产生承兑的效力）。

（3）不单纯承兑。

①指付款人对原汇票文义或附加限制或予以变更所为的承兑。②付款人承兑汇票，不得附有条件；承兑附有条件的，视为拒绝承兑。

5. 付款

（1）付款是指付款人依据票据文义支付票据金额，以消灭票据关系的行为。

（2）付款的程序。

付款期限

①见票即付的汇票，自出票日起1个月内向付款人提示付款。②定日付款、出票后定期付款或者见票后定期付款的汇票，自到期日起10日内向承兑人提示付款。③持票人未按照前款规定期限提示付款的，在作出说明后，承兑人或者付款人仍应当继续对持票人承担付款责任。

支付票款。持票人依照前条规定提示付款的，付款人必须在当日足额付款。

（3）付款的效力

①付款人依法足额付款后，全体汇票债务人的责任解除。②如果付款人付款存在瑕疵，即未尽审查义务而对不符法定形式的票据付款，或其存在恶意或重大过失而付款的，则不发生上述的法律效力，付款人的义务不能免除，其他债务人也不能免除责任。

6. 商业汇票样本（英文版）

BILL OF EXCHANGE

No. ________________ Date: ________________

For: ____

At ________________ sight of this second of exchange (first of the same tenor and date unpaid) pay to the order of ________________

The sum of ______________________________

Drawn under

L/C

No. ________________ Dated ________________

To.

____

(Signature)

三、信用卡

1. 信用卡的概念

信用卡是指发卡银行给予持卡人一定的信用额度，持卡人可在信用额度内先消费，后还款，或者先按发卡银行的要求交存一定金额的备用金，当备用金账户余额不足支付时，可在发卡银行规定的信用额度内透支的银行卡。

2. 信用卡的种类

按币种不同：人民币卡、外币卡。

按信息载体不同：磁条卡、芯片卡。

按使用对象分：单位卡、个人卡。

按信誉等级分：金卡、普通卡。

按是否向发卡银行交存备用金分：贷记卡（是指发卡银行给予持卡人一定的信用额度，持卡人可在信用额度内先消费、后还款的信用卡）、准贷记卡（是指持卡人须先按发卡银行要求交存一定金额的备用金，当备用金账户余额不足支付时，可在发卡银行规定的信用额度内透支的信用卡。）

3. 信用卡的申领与销户

信用卡的资金来源

（1）单位卡：其账户的资金一律从其基本存款账户转账存入，不得交存现金，不得将销货收入的款项存入其账户。

（2）个人卡：其账户的资金以其持有的现金存入或以其工资性款项、属于个人的劳务报酬、投资回报等收入转账存入。

4. 信用卡使用的主要规定

（1）单位卡的持卡人不得用于10万元以上的商品交易、劳务供应款项的结算，并一律不得支取现金。

（2）个人卡的持卡人可以在银行支取现金，其在支取现金时，应将银行卡和身份证件一并交发卡银行或代理银行。

（3）发卡银行对贷记卡的取现应当每笔授权，每卡每日累计取现不得超过2000元人民币；对持卡人在自动柜员机（ATM机）上取款设定交易上限，每卡每日累计取款不得超过5000元人民币。

（4）贷记卡持卡人非现金交易享受如下优惠优惠条件：①免息还款待遇（持卡人在到期还款日前偿还所使用全部银行款项即可享受免息还款期待遇，无须支付非现金交易的利息；免息还款期最长为60天）；②最低还款额待遇。

（5）同一持卡人单笔透支发生额不得超过2万元、单位卡不得超过5万元；同一账户月透支余额个人卡不得超过5万元。准贷记卡的透支期限最长为60天；贷记卡的首月最低还款额不得低于其当月透支余额的10%。

四、汇兑

1. 汇兑的概念

汇兑是指汇款人委托银行将其款项支付给收款人的结算方式。汇兑便于汇款人向异地的收款人主动付款。

2. 种类

（1）信汇，是以邮寄方式将汇款凭证转交给外地收款人指定的汇入行。

（2）电汇，是以电报方式将汇款凭证转发给收款人指定的汇入行，电汇比信汇快捷。

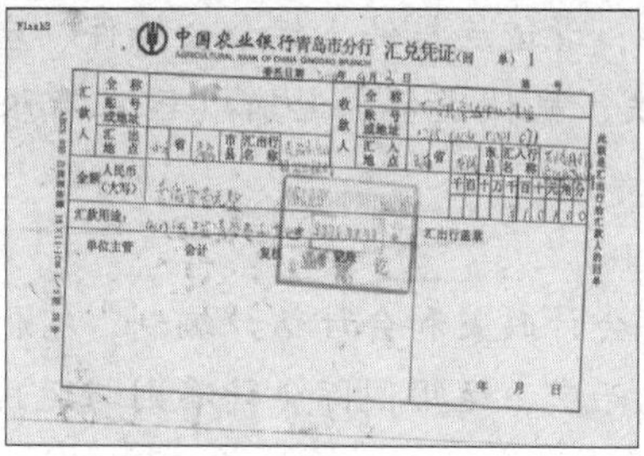

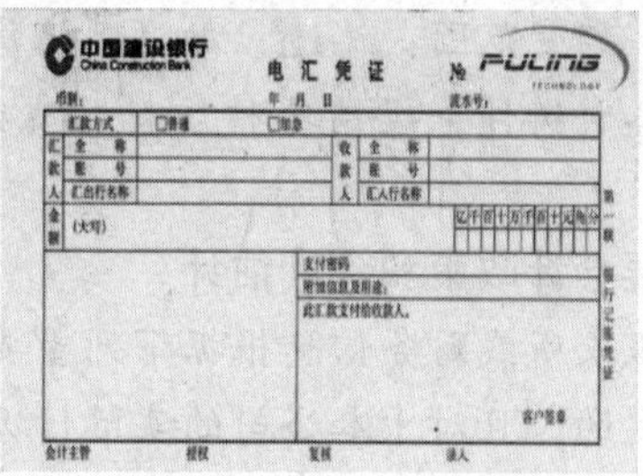

3. 办理汇兑的程序

（1）汇款人按要求签发汇兑凭证：①表明“信汇”或“电汇”字样；②无条件支付的委托；③确定的金额；④收款人名称；⑤汇款人名称；⑥汇入地点、汇入行名称；⑦汇出地点、汇出行的名称；⑧委托日期；⑨汇款人签章。

（2）汇出银行受理汇总凭证，并进行认真审查。

（3）汇入银行接收汇出银行的汇总凭证之后应审查汇兑凭证上联行专用章与联行报单印章是否一致，确认无误后，根据收款人的不同情况进行审查并办理付款手续。

（4）信汇签章支取的，收款人的签章必须与预留信汇凭证上的签章相符，银行审查无误后，以收款人的姓名开立应解汇款及临时存款账户，该账户只付不收，付完清户，不计付利息。

（5）汇入银行必须在信、电汇凭证上加盖“转汇”戳记。

4. 汇兑的撤销和退汇

（1）汇兑的撤销是指汇款人对汇出银行尚未汇出的款项，向汇出银行申请撤销的行为，但转汇银行不得受理汇款人或汇出银行对汇款的撤销。

（2）汇兑的退汇是汇款人对汇出银行已经汇出的款项申请退回汇款的行为；如果汇款人与收款人不能达成一致退汇的意见，不能办理退汇。

（3）汇入银行对于收款人拒绝接受的汇款，应立即办理退汇（两个月）。

【随堂实践】

1. 支票、商业汇票、信用卡、汇兑各有哪些种类？
2. 绘制汇兑流程图。
3. 信用卡使用的主要规定有哪些？

【双语范例】

××铸造有限公司

会计报表附注

20××年度

一、公司概况

××铸造有限公司（以下简称“本公司”），成立于2005年12月14日，为有限责任公司。经营地址为××工业园区。企业法人营业执照注册号为××，注册资本为人民币一百万元。经营范围：铸造、加工、销售；管道连接件、铝合金铸件、塑料制品；机加工、热镀各种铸件；经销各种炉料、生铁、机械设备、运输（国家有限制运输的除外）。

二、重要会计政策和会计估计

本会计报表所载财务信息根据下列重要会计政策和会计估计编制，它们是根据国际会计准则拟定的，且对于本公司的实际情况而言，运用国际会计准则与运用中国企业会计制度所编制出的报表并无重大差异。

会计年度

本公司的会计年度采用公历年度，即每年自1月1日起至12月31日止。

记账本位币

本公司以人民币为记账本位币。

记账基础和计价原则

本公司的会计核算以权责发生制为记账基础。本公司的各项资产在取得时按照实际成本计量。于各会计期末对各项资产进行定期检查，并计提相应的减值准备。

现金等价物

现金等价物是指本公司持有的期限短、流动性强、易于转换为已知金额的现金、价值变动风险小的投资。

存货核算方法

本公司各种存货均按取得时的实际成本计价；存货领用与发出按加权平均法计价；低值易耗品核算采用一次性摊销法。

固定资产

固定资产的标准、分类及计价：固定资产系使用年限在一年以上且单位价值在2000元以上的房屋建筑物、机器设备、运输设备及其他与生产经营有关的设备、器具等；不属于生产经营的主要设备和物品，凡单价在2000元以上，且使用年限超过两年，也作为固定资产。

固定资产原价按购建时的实际成本计价。

固定资产折旧：采用直线法计提，并按各类固定资产估计使用年限扣除残值率确定年折旧率。

类别	折旧年限（年）	年折旧率（%）	预计残值率（%）
房屋及建筑物	20	5	0
机械设备	10	10	11.765
运输设备			
办公设备	10	10	

税项

增值税，根据增值额的17%征收；

城市建设维护税，计税比例为应交流转税的5%；

教育费附加，计税比例为应交流转税的3%；

价格调控基金，计税比例为应交流转税的1.5%；

河道维护费，计税比例为应交流转税的1%

企业所得税，当期应纳税所得额的33%；

坏账核算方法：

本公司对于因债务人破产或死亡，以其破产财产或遗产清偿后仍无法收回的应收账项和债务人逾期未能履行其清偿义务，且具有明显特征表明无法收回的应收款项确认为坏账损失。坏账采取直接转销法。

无形资产计价及摊销方法：

无形资产在取得时按实际成本计量，无形资产自取得当月起按预计使用年限、合同规定的受益年限和法律规定的有效年限三者中最短者分期平均摊销，计入档期损益。本公司的无形资产为土地使用权，土地使用权按照出让年限进行摊销。

收入确认原则：

按权责发生制为基础确认收入的实现。

＊＊foundry Co.，Ltd.

Notes to Financial Statements for the Year Ended 20＊＊

Ⅰ. Profile of Company

＊＊foundry Co.，Ltd.（hereinafter referred to as "the company"），a limited liability company with the registered capital of 1 million RMB，was set up on Dec. 14，2005. The company is located at ＊＊ industry zone. Its business license number. is ＊＊. The company is mainly engaged in foundry，processing，vendition，pipeline connector，aluminum alloy casting，plastic products，machining，hot plating various castings，selling various furnace charge，pig iron and machine equipment，transport（except the limitative things in state law）.

Ⅱ. Significant Accounting Policy and Accounting Estimate

Financial information presented in the accounting statement is prepared according to the following significant accounting policy and accounting estimate，which is confirmed by the international accounting rule. There is no significant difference in the financial statements whether the international accounting rule or the accounting system of business enterprises is applicable.

Fiscal Year

The fiscal year of the Factory runs from January 1 to December 31 of each calendar year.

Bookkeeping Currency

Renminbi

Bookkeeping Basis and Pricing Principle

The company adopts the accrual system as the base of bookkeeping principle, and uses the real cost as the pricing base when obtaining the various assets. At the end of each fiscal year, regularly check up various assets and allocate the provision for loss respectively.

Cash Equivalents

Cash equivalents represent short-term, highly liquid investments that are readily convertible into known amounts of cash and that are subject to an insignificant risk of change in value.

Accounting Method on Inventory

The inventories are priced at the actual cost when acquiring, and priced with the weighted average method when sending out. The low-value consumables are price with the one-off amortization method.

Fixed Assets

Fixed assets represent the house building, machinery and vehicle as well as the equipment and appliance related to the produce and operation with price more than 2,000 RMB and the useful life over 1 year. The main equipment and articles no relation to the produce and operation, but the price over 2,000 RMB and the useful life more than two years, they are still regarded as the fixed assets.

The fixed assets are enter into the book as at the cost when obtaining.

The depreciation of fixed assets is calculated with the straight-line method, and the annual depreciation rate is determined by the estimated useful life of each fixed asset deducting the residual rate.

Category	Annual Depreciation life (Year)	Annual Depreciation Rate (%)	Estimated Residue Rate (%)
House and Building	20	5	0
Machinery	10	10	11.765
Vehicle	0	0	0
Office Equipment	10	10	0

Taxation

For the Value-added tax, it is levied as at the 17% of increment money.

For the City Construction and Maintenance Tax, it is levied as at the 5% of turnover tax.

For the Education Surtax, it is levied as at the 3% of turnover tax.

For the Price accommodate fund, it is levied as at the 1.5% of turnover tax.

For the Riverway maintenance tax, it is levied as at the 1% of turnover tax.

For the Enterprise Income Tax, it is levied as at the 33% of current taxable amount.

Method on Bad Account

The bad account is recognized when the debtor is bankrupt or dead and the tax receivable is not recoverable with the bankrupt property or inheritance, moreover, there are the significant signs indicate the tax receivable cannot be taken back. The direct write-off method is applicable for the bad account.

Pricing of Intangible Assets and Method of Amortization

The intangible asset is priced at the real cost when obtaining. The intangible asset will be averagely amortized from the month of obtaining at the very short period among the estimated useful life, contracted beneficial life and the legal valid life, and then will be entered into the current profit and loss.

The intangible asset of the company is the land use right, which will be amortized as at the period of land transfer.

Principle of Revenue Recognition

The revenue is recognized under the accrual system.

项目二 求职就业显口才

本项目是建立在项目一的基础上，学生初步了解并掌握了财经应用文英汉双语写作的意义，进一步加强求职应聘、演讲口才、沟通礼仪等方面英汉双语的实用写作及口语表达的实际操练。

本项目学习要求学生达到的知识目标：学习并了解求职、应聘的常用英汉双语的写作和对话要求，能进行常用的、简单的英汉双语应聘应答；了解礼仪沟通方面的常用礼仪及礼貌用语并能熟练运用交谈所用谦敬语。技能目标：掌握求职信、应聘书的基本双语写作格式与体例要求，加强沟通技巧的训练，通过强化训练具备一定的双语演讲能力。

任务十一 谈话得体有修养

【任务综述】

2014 年王同学于德州职业技术学院机电专业毕业后，应聘来到了一家中外合资企业做办公室工作。办公室工作头绪繁多，经常会接待客户来访、咨询等方面的事宜。于是，交谈和电话交谈的技巧成为她工作基本技能和技巧的必然要求。

任务：学生分两组，一组模拟王同学与客户现场交谈的场景；另一组模拟王同学与客户电话交谈的场景。

一、任务目标

1. 知识目标

了解交谈的礼仪；交谈所遵循的原则；电话交谈使用的场景；熟练掌握交谈所用谦敬语。

2. 能力目标

无论是普通交谈还是电话交谈都能够掌握交谈技巧。

二、任务实施

1. 要求学生提前熟悉教材，了解交谈应有的礼仪、谦敬语及所遵循的原则；了解电话交谈使用的场景。

2. 操作、分组

（1）甲代表“合资公司”；乙代表客户。

（2）模拟场景，分角色扮演。

3. 交谈内容

（1）电话营销 SD 压滤机。

（2）向经理汇报本月销售情况。

（3）处理客户投诉的产品质量问题。

（4）展示成果：学生自己设计的“模拟场景”（呈现学生为主体的课堂情境）。

【任务资讯】

一、交谈礼仪

二、电话交谈

【资讯链接】

一、交谈礼仪

1. 交谈礼仪

交谈是表达思想及情感的重要工具，是人际交往的主要手段，在人际关系中有着十分突出的作用。可以说，在不计其数的礼仪形式中，交谈礼仪占据主要地位。所以，强化语言方面的修养，学习、掌握并运用好交谈的礼仪是至关重要的。交谈是人类口头表达活动中最常用的一种方式。随着人类社会的高度发展，交谈已成为政治、外交、科学、教育、商贸、公关等各个领域中重要的、不可缺少的一项语言活动。交谈是以两个人或几个人之间的谈话为基本形式，进行面对面的学习讨论，沟通信息，交流思想感情，谈心聊天的言语活动。它以对话为基本形态，包括交谈主体、交谈客体、交谈内容三个方面。这三方面不仅具有固定性，而且具有互换性。

2. 交谈的作用

交谈是一门古老的艺术。“一人之辩重于九鼎之宝，三寸之舌强于百万之师”，在人类发展史上，交谈作为一种社会现象，是和人类劳动、生活、交际活动一起发展起来的。交谈的艺术性体现在：尽管人人都会，效果却大不一样。“酒逢知己千杯少，话不投机半句多”正说明了交谈的优劣直接决定着交谈的效果。与人进行一次成功的谈话，不仅能获得知识、信息的收益，而且感情上也会得到很多补偿，会感到是一种莫大的享受；而参与一场枯燥无味、死气沉沉的交谈，不仅是时间上的浪费，还会有一种受折磨的感觉。

交谈是建立良好人际关系的重要途径，是连接人与人之间思想感情的桥梁，是增进友谊、加强团结的一种动力。“良言一句三冬暖，恶语伤人六月寒”说明交谈在交往中的作用是举足轻重的。一个人善于交谈就能广交朋友，给人带来快乐，为社会增添和谐，就能享受到社会特有的友情与温暖。在现实生活中，我们经常看到不少人因话不得体，伤害了亲人，得罪了朋友，甚至有些人因言语失误，结怨结仇，酿成生活悲剧。

交谈不仅是人们交流思想的重要手段，而且是学习知识、增长才干的重要途径。善于同有思想、有修养的人交谈，就能学到很多有用的知识，“与君一席谈，胜读十年书”就是对交谈意义的深刻总结。英国文豪萧伯纳曾经说过：“你我是朋友，各拿一个苹果，彼此交换，交换后仍各有一个苹果；倘若你有一种思想，我也有一种思想，相互交流思想，那么，我们每个人就有两种思想了。”可见，广泛地交谈可以交流信息、深化思想、增强认识能力和处理问题、解决问题的能力。因此，掌握交谈的礼仪要求、提高交谈的语言艺术，对于提高工作水平和工作效率，也具有极其重要的作用。

3. 交谈的原则

（1）真诚坦率的原则。

真诚是做人的美德，也是交谈的原则。交谈双方态度要认真、诚恳，有了直率诚笃，才能有融洽的交谈环境，才能奠定交谈成功的基础。认真对待交谈的主题，坦诚相见，直抒胸臆，不躲不藏，明明白白地表达各自的观点和看法。“出自肺腑的语言才能触动别人的心弦”，真心实意地交流是自信的结果，是信任人的表现，只有用自己的真情激起对方感情的共鸣，交谈才能取得满意的效果。

（2）互相尊重的原则。

交谈是双方思想、感情的交流，是双向活动。要取得满意的交谈效果，就必须顾及对方的心理需求。交谈中，来自对方的尊重是任何人都希望得到的。交谈双方无论地位高低，年纪大小，或长辈晚辈，在人格上都是平等的。切不可盛气凌人、自以为是、惟我独尊。所以，谈话时要把对方作为平等的交流对象，在心理上、用词上、语调上体现出对对方的尊重。尽量使用礼貌语，谈到自己时要谦虚，谈到对方时要尊重。恰当地运用敬语和自谦语，可以显示个人的修养、风度和礼貌，有助于交谈的成功。

4. 交谈的技巧

（1）言之有物。

交谈的双方都想通过交谈，获得知识、拓宽视野、增长见识、提高水平。因此，交谈要有观点、有内容、有内涵、有思想，空洞无物、废话连篇的交谈是不会受人欢迎的。没有材料做根据，没有事实做依凭，再动听的语言也是苍白的、乏味的。我们在交谈时，要明确地把话说出来，将所要传递的信息准确地输送到对方的大脑里，正确反映客观事物，恰当地揭示客观事理，贴切地表达思想感情。

（2）言之有序。

言之有序，就是根据讲话的主题和中心设计讲话的次序，安排讲话的层次，即交谈要有逻辑性、科学性。“使众理虽繁，而无倒置之乖；群言虽多，而无棼丝之乱。”（刘勰《文心雕龙》）有些人讲话，一段话没有中心，语言支离破碎，想到哪儿就说到哪儿，东一榔头西一棒槌，给人的感觉是杂乱无章，言不及义，不知所云。所以，交谈时先讲什么，后讲什么，思路要清晰，内容有条理，布局要合理。

（3）言之有礼。

交谈时要讲究礼节礼貌。知礼会为你的交谈创造一个和谐、愉快的环境。讲话者态度要谦逊，语气要友好，内容要适宜，语言要文明；倾听者要认真倾听，不要做其他事情。这样就会形成一个信任、亲切、友善的交谈气氛，为交谈获得成功奠定基础。

二、电话交谈

电话沟通是个体沟通的一种方式，电话沟通是一种比较经济的沟通方式。一般来说，电话沟通对象主要是企业外的人员，电话沟通所反映的应该是企业的风貌、精神、文化、甚至管理水平、经营状态等。因此，你如果在电话应对上表现不当，就会导致外部人员作出对企业不利的判断。所以，在许多大型企业中，电话的礼仪和技巧往往是新进员工上岗培训的一个必备内容。

1. 使用场景

如下的几种情境宜采用电话沟通的方式进行：彼此之间的办公距离较远、但问题比较简单时（如两人在不同的办公室需要讨论一个报表数据的问题等）；彼此之间的距离很远，很难或无法当面沟通时；彼此之间已经采用了 E-Mail 的沟通方式但问题尚未解决时。

需要特别注意的是，在成本相差无几的情况下，请优先采用当面沟通的方式。

2. 电话的礼仪和技巧

（1）重要的第一声。当我们打电话给某单位，若一接通，就能听到对方亲切、优美的招呼声，心里一定会很愉快，使双方对话能顺利展开，对该单位有了较好的印象。在电话中只要稍微注意一下自己的行为就会给对方留下完全不同的印象。当你说“你好，这里是××公司”，声音清晰、悦耳、吐字清脆，给对方留下好的印象，对方对其所在单位也会有好印象。因此要记住，接电话时，应有“我代表单位形象”的意识。

（2）要有喜悦的心情。打电话时我们要保持良好的心情，这样即使对方看不见你，但是从欢快的语调中也会被你感染，给对方留下极佳的印象，由于面部表情会影响声音的变化，所以即使在电话中，也要抱着“对方看着我”的心态去应对。

（3）端正的姿态与清晰明朗的声音。打电话过程中绝对不能吸烟、喝茶、吃零食，即使是懒散的姿势对方也能够听得出来。如果你打电话的时候，弯着腰躺在椅子上，对方听你的声音就是懒散的，无精打采的；若坐姿端正，身体挺直，所发出的声音也会亲切悦耳，充满活力。因此打电话时，即使看不见对方，也要当作对方就在眼前，尽可能注意自己的姿势。声音要温雅有礼，以恳切的话语表达。口与话筒间应保持适当距离，适度控制音量，以免听不清楚、滋生误会。或因声音粗大，让人误解为盛气凌人。

（4）迅速准确的接听。现代工作人员业务繁忙，桌上往往会有两三部电话，听到电话铃声，应准确迅速地拿起听筒，接听电话，以长途电话为优先，最好在三声之内接听。电话铃声响一声大约 3 秒钟，长时间无人接电话，或让对方久等是很不礼貌的，对方在等待时心里会十分急躁，你的单位会给他留下不好的印象。即便电话离自己很远，听到电话铃声后，附近没有其他人，我们应该用最快的速度拿起听筒，这样的态度是每个人都应该拥有的，这样的习惯是每个办公室工作人员都应该养成的。如果电话铃响了五声才拿起话筒，应该先向对方道歉，若电话响了许久，接起电话只是“喂”了一声，对方会十分不满，会给对方留下恶劣的印象。

（5）认真清楚的记录。随时牢记 5W1H 技巧，所谓 5W1H 是指 when 何时、who 何人、where 何地、what 何事、why 为什么、how 如何进行。在工作中这些资料都是十分重要的，对打电话、接电话具有相同的重要性。电话记录既要简洁又要完备，有赖于 5W1H 技巧的熟练运用。

（6）有效电话沟通。上班时间打来的电话几乎都与工作有关，公司的每个电话都十分重要，不可敷衍，即使对方要找的人不在，切忌粗率答复“他不在”即将电话挂断。接电话时也要尽可能问清事由，避免误事。对方查询本部门其他单位电话号码时，应迅即查告，不能说不知道。我们首先应确认对方身份、了解对方来电的目的，如果自己无法处理，也应认真记录下来，委婉地探求对方来电目的，就可不误事而且赢得对方的好感。对对方提出的问题应耐心倾听；表示意见时，应让他能适度地畅所欲言，除非不得已，否则不要插嘴。期间可以通过提问来探究对方的需求与问题。注重倾听与理解、抱有同理心、建立亲和力是有效沟通的关键。接到责难或批评性的电话时，应委婉解说，并向其表示歉意或谢意，不可与发话人争辩。电话交谈事项，应注意正确性，将事项完整地交代清楚，不可敷衍了事。如遇需要查寻数据或另行联系的查催案件，应先估计可能耗用时间的长短，若查阅或查催时间较长，最好不让对方久候，应改用另行回话的方式，并尽早回话。以电话索取书表时，应把握时效，尽快地寄达。

（7）挂电话前的礼貌。要结束电话交谈时，一般应当由打电话的一方提出，然后彼此客气地道别，应有明确的结束语，说一声“谢谢、再见”，再轻轻挂上电话，不可只管自己讲完就挂断电话。

（8）使用网络电话会遇到对方问询，你的电话怎么没有号码，可以说我是用的是网络电话，都不显示号码的。

【随堂实践】

1. 交谈的技巧有哪些？

2. 现场模拟（角色扮演）练习。

【双语范例】

王：波诺先生，送你的礼物。

波诺：从唐人街带回来的？

王：中国月饼。还有，等会如果打起来，还可以拿它来扔你。

波诺：哈哈哈哈……

王：我就是喜欢你的幽默感，给你。

成：波诺先生，我们正式作出道歉。我们承认我们确实存在侵权行为，并同意必须为此付出代价。

王：但不是1500万。

……

孟：那是因为NBA需要中国市场，中国是全球最大的英语教育市场。今天，中国学生来美国不是为了留下，他们愿意回国。可是你还在关心他们有没有作弊。

成：波诺先生，就在我们来美国之前，还一直在争论新梦想公司是否应该上市。就在刚才，我做了一个决定，新梦想会在今天正式宣布启动上市。

波诺：我为什么要关心这件事。

成：你会关心的，我一直在等一个时机把公司上市。现在终于等到了。对，是你们给了新梦想这个机会，波诺先生，谢谢你。是你们让华尔街投资者看到了我们，让他们看到我们的诚意和勇气，看到我们为错误承担代价，我们出的赔偿金越多，我们未来市场的价值就越高。

当然，上市还有另一个好处。

有一天，当我们不再是教书匠，而是全世界最大教育服务机构的代表，你们就会真正尊重我们，再不需要通过打官司来沟通。

对我来说，这件事还有一个更重要的原因。我有一个朋友，他比我优秀。他来到美国，我看见我们这一代人中最棒的人在这里沉下去了。

波诺先生，这里从来就不是一个公平的战场。我要用我的方式帮他赢回尊严。按中国的说法，我是个土鳖，一种软壳的乌龟，害怕任何风险。此刻，我站在这里，仍然不免会害怕，但是同意我这位朋友的说法，总有一些更重要的事情，赋予我们，打败恐惧的勇气。

WANG：Mr Bono. It’s your gift，from me.

BONO：It’s got from China Town?

WANG：Chinese Moon Cake. And if the fight breaks out later，I have something to throw.

BONO：hahahaha. . .

WANG：Oh hoo，you got the joke，for you.

CHENG：Mr Bono，we officialy offer a formal apology，acknowledge the commodity copyright infringement and prepare to settle.

WANG：But not fifteen million.

……

MENG：That’s because NBA was trying to tap into China market，China is already the largest market for English language education. Today，Chinese students don’t expect to stay in America，they want to go home. Yet you still stuck on whether they cheat on exams.

CHENG: Mr Bono, before we came to the United States, we debated that it's best time to release the dream. Now, I confirm the decision, New Dream's IPO will be officially announced, today.

BONO: What make we should care.

CHENG: But you will care, I will be waitting for the right opportunity for the company to go public, now, I've got it. That's right, it's you who give us this opportunity, thank you Mr Bono, you are the one who has goodness that warns investors from Wall Street. They will see as our company with sincerity and courage. The more we pay in compensation, The greater valuation we will get in the future.

In addition, there will be at least one more benefit from listing New Dream.

Someday, we will be no longer teachers, but we will be representatives of the world largest education service corporation. You will be finally show us the respect we deserve. We will not have to have a lawsuit to communicate with each other.

More important, I am also doing this for a personal reason, I have a friend who is more brilliant than me. When he came to American, the best man of my generation destroyed here .

Mr Bono, the place here had never be fair even. This is my way of regaining my friend's dignity. According to our Chinese proverb, I'm like of a "Tubie", a soft shell of turtle, someone afraid to go out and take risks, now, I am still terrified when I stand here, but as my friends ever said, somethings are so important that force us to overcome our fears.

任务十二 营销成功是艺术

【任务综述】

短片欣赏：放一段“外交部发言人答记者问”的短片。

录音欣赏：一段高中班主任委婉劝诫有早恋倾向的学生的录音。

任务：体会说话的艺术；体会含蓄、委婉的表达方式与人在情感沟通上的效果。然后，模拟发布会现场、营销谈判现场或参观校园的场景。

一、任务目标

1. 知识目标

了解营销语言的基本原则；掌握让顾客接受自己的方法。

2. 能力目标

能运用销售语言技巧与客户进行情感沟通。

二、任务实施

1. 要求学生提前熟悉教材，了解营销语言的基本原则及销售语言技巧。调整好与人情感沟通的状态。

2. 操作要求：学生每组分成甲、乙两方。甲代表合资公司；乙代表客户。模拟场景分角色扮演。(自选)

(1) SD 压滤机产品发布会。(2) 光电逆变器营销谈判。(3) 参观校园介绍学校。

3. 学生自行为任务设计模拟场景，分角色扮演。

4. 成果展示。

(1) 发布会现场。

(2) 营销谈判现场。

(3) 参观校园场景。

【任务资讯】

一、营销口才的概念

二、营销口才的作用及案例分析

三、营销语言的基本原则

四、让顾客接受自己的方法

五、了解客户需求

六、销售语言技巧

【资讯链接】

一、营销口才的概念

营销口才是与顾客进行情感沟通的语言技巧，是一门把话说得悦耳动听、滴水不漏的艺术，是赢得顾客、扩大市场的成功法宝。决战商海，必须要拥有良好的营销口才。妙用好口才，就可以使营销化难为易，化繁为简，就可以让顾客变拒为纳，变疑为信，进而产生购买行为。

二、营销口才的作用及案例分析

人员推销既是一种最古老、最简单的销售方法，也是现代营销中特别有效的方法。人员推销具有其他推销方式无可比拟的优势和特点，就是人与人之间接触，用语言沟通所产生的特别效应。其作用明显地表现在以下几个方面。

1. 人员推销是企业和客户之间的联系纽带

帮助顾客认识商品和解决有关问题，在顾客心目中建立起企业和商品的良好信誉，使顾客最终成为企业的买主。

2. 针对性强，工作弹性比较大

可以直接对顾客进行预测分析、确定重点对象、进行面对面的推销，签订销售合同，克服广告销售无法立即购买的不足。

3. 有利于提高销售业绩

可以使推销员独立地、创造性地工作，稳妥有效地实现企业的销售目标。“顾客就是上帝”，企业的宗旨就是要让顾客满意且忠诚。“满意的客户不一定忠诚，忠诚的客户一定是满意的客户”。因此，企业经营者必须意识到，只有培养、选用口才较好的高级人才去开发市场、促进销售，才能占领市场、扩大市场，企业才能做到“生命之树常青”。推销人员力求提供客户满意的服务，防止客户流失，让更多的客户成为回头客；牢固树立起良好的服务品牌，使企业财源滚滚，从而迅速成长壮大。

例如，在送别顾客时，服务员说：“先生，吃了我们的火锅还满意吧？如果满意，欢迎您下次和家人也来尝一次，花钱不多，到这里过一个快乐的周末吧。”

这种充满人情味的推销语言，就容易使人满意。即使顾客消费结束，也要用规范的服务语言送客，给顾客留下良好的印象。这就有可能使顾客成为“回头客”。

案例比较

案例1：

老马是自动办公设备公司的直销员，他对自己所直销的产品充满信心，因为这些产品确实称得上质量好、价格合理。在直销中，他常常使用这样的语言：“我说，你们的办公设备已经过时了，如果使用我们的设备，每天可以节省几个小时的时间。”“老兄，我们的产品才是真正一流货色。”尽管他的话符合实际情况，但却使很多顾客感到不快。一些顾客反驳说：“我不信你那一套！”老马认为这样就等于给了他进一步介绍产品的机会。于是，他就开始向顾客介绍产品的性能、特点、价格等，但他很快就不得不停了下来，因为顾客已经走开了。

案例2：

（1）一位家庭主妇走进一个家电商店。她想买个冰箱，但拿不定主意该买哪一种才好。于是她向店员询问：“我该买大一点的比较好呢，还是小一点的？”

（2）有一位成绩良好、很有经验的推销员，这样告诉她说：“这台大的比较好一些，夏天你不仅可以为每一个家人准备好冷毛巾，甚至可以将您先生的家居服装放进里面，让他度过一个凉爽的夏天。相信您和您的家人都会为此感到高兴的。”于是，那位顾客点头做出决定：“是啊，那我就买这一台了。”

点评分析：

（1）老马的产品质量很好，为什么卖不出去呢？因为老马贬低别人，吹嘘自己，这种做法令人反感。所以他卖不出去。

（2）卖冰箱的推销员主动给客户推荐商品，并真诚为对方着想，宣传商品的种种好处，这样就打动了顾客的心，使她产生了购买的欲望。

三、营销语言的基本原则

视顾客为朋友，想方设法让服务用语做到贴心、自然、令人愉悦，这是营销语言的基本出发点。

1. 顾客中心原则

设身处地为对方着想，急顾客之所需。主动说明顾客购买某种东西所带来的好处。

对这些好处做详细、生动、准确的描述，才是引导顾客购买商品的关键。“如果是我，为什么要买这个东西呢?”这样换位思考，就能达成顾客所期望的目标，满足顾客的需要。这就是顾客中心原则。

2. 倾听原则

“三分说，七分听”，这是人际交谈基本原理——倾听原则在推销语言中的运用。在推销商品时，既要“观其色”，还要“听其言”。除了观察对方的表情和态度外，还要虚心倾听对方议论，洞察对方的真正意图和打算。要找出双方的共同点，表示理解对方的观点，并要扮演比较恰当、适中的角色，向顾客推销商品。

3. 禁忌语原则

在保持积极的态度时，沟通用语也要尽量选择体现正面意思的词，选择积极的用词与方式。要保持商量的口吻，不要用命令或乞求语气，尽量避免使人丧气的说法。例如：

（1）“很抱歉让您久等了。”（负面词）→“谢谢您的耐心等待。”（积极的说法）

（2）“问题是那种产品都卖完了。”→“由于需求很多，送货暂时没有接上。”

（3）“我不能给你他的手机号码!”→“您是否向他本人询问他的手机号码?”

（4）“我不想给你错误的建议。”→“我想给你正确的建议。”

（5）“你叫什么名字?”→“请问，我可以知道你的名字吗?”

（6）“如果你需要我们的帮助，你必须……”→“我愿意帮助你，但首先我需要……”

（7）“你没有弄明白，这次听好了。”→“也许我说的不够清楚，请允许我再解释一下。”

4. “低褒微感”原则

“低”就是低调，态度谦恭，和蔼平易，尊重顾客。

“褒”是褒扬赞美。推销商品时要多说赞美的话语。

“感”是感谢，由衷地感谢顾客的照顾。如“谢谢您，这是我们公司的发票，请收好。”“谢谢您，我马上就通知公司。”“谢谢您，正好是××元。”

“微”是微笑。营业员要常带微笑，给顾客带来好的心情。

四、让顾客接受自己的方法

1. 主动接近顾客

推销人员设法主动接近顾客，使自己从“不速之客”变成受欢迎的人。初次接触顾客，选择恰当时机和话题是决定成败的关键。

广交朋友是获取信息、打入市场、推销商品的有效方法。友谊是保持长久关系的关键，要建立真正的友谊，必须做到以下几点。

（1）主动热情，乐于助人。时不时表达关切之情，给对方留下一份情谊，而不要临时抱佛脚，需要帮助的时候才想起对方。

（2）宽宏大量。在保证企业利益不受损失的情况下，宽宏大量，给人留下公正、大方、讲理、可深交的印象。

（3）守口如瓶。对顾客的事情守口如瓶，不谈论对方的个人隐私，使顾客认为推销者可以完全信赖。

2. 争取顾客的好感

（1）服务式。提供资料，介绍产品，结合顾客需要和产品特征，提出技术方面或经济方面的问题进行讨论，供顾客购买决策参考。

（2）交流式。一位资深寿险经纪人这样介绍他的经营之道："您以为我是怎么去推销那些种类繁多的保险商品的啊？我的客户 90% 都没有时间真正去了解他们保了一些什么，他们只提出希望有哪些保障，他们相信我会站在他们的立场，替他们规划，所以呢，对我而言，我从来不花大量的时间解释保险的内容和细节。我认为，我的销售就是学习、培养、锻炼一种值得别人信赖的风格。"

3. 接近顾客的方式

（1）陌生拜访法：直接登门拜访完全陌生的准客户，又叫直冲式拜访。

（2）缘故法：即因亲友、邻里、同学等社会关系，发展成为业务关系。

（3）介绍法：利用关系网，滚雪球式地扩大营销空间。

（4）通信法：通过书信交谈，与潜在客户结为知己，创造与顾客面谈的机会。

（5）咨询法：设咨询柜台，为顾客排忧释疑。

（6）电话约谈法：省时、便捷。要讲究礼节礼貌，通过电话传达出自己的音容笑貌、热情和修养。

4. 接近话语

专业营销中，初次面对客户时的话语，至关重要，成为专业的接近话语。通常是在礼貌用语之后，以轻松愉快的语言方式开始接近潜在顾客；一两句赞美或略带幽默的话语，则可以很快缩短与准客户的距离。

接近话语实例。

业务员："先生，您好！"

老　板："您是谁？"

业务员："我是 ×× 公司业务员，今天我到贵府，有两件事专程来求教，您是这附近最有名气的老板。"

老　板："附近最有名气的老板？"

业务员："是啊！根据我打听的结果，大伙都说这个问题最好请教您。"

老　板："哦，大伙真的这么说？真不敢当，到底什么问题？"

业务员："实不相瞒，事情是这样的……"

老　板："站着不方便，请进来说吧。"

点评分析：

每个人都渴望别人的重视和赞美，只是大多把这种需要隐藏在内心深处罢了。因此，只要说"专程来请教您这位附近最有名的 ××"时，几乎百试不爽，没有人会拒绝。

案例 3：

齐藤先生是日本寿险推销的老前辈，在最初涉入推销保险的那年夏天，参加公司组织的旅游会，他在雄谷车站上车时，正好看到一个空位，就坐了下来。当时，那排座位上已经坐着一位约三十四五岁的女士，带着两个小孩。他知道这是一位家庭主妇，于是便动了向她推销保险的念头。在列车临时停站之际，齐藤先生买了一个小礼物，很有礼貌地送给她并同她闲谈起来，一直谈到小孩的学费，还打听到她丈夫的工作内容、范围、收入等。那位主妇说，她计划在轻井车站住一宿。第二天坐快车去草津。齐藤先生答应可以为她在轻井车站找旅馆。由于轻井是避暑胜地，又逢盛夏，自己出来旅行的人要想找旅馆是相当困难的。那妇人听后非常高兴，并愉快地接受了。齐藤先生就把自己的名片给了她，在背面写着介绍住店的内容。两周以后，为了见到她的丈夫，齐藤先生前往她的住所。而就在那天，他的推销获得了成功。

案例 4：日本“推销之神”原一平接近客户实录

“您好！我是明治保险的原一平。”

“噢，保险公司，你们公司的推销员昨天才来过，我很讨厌保险，所以他们都被我拒绝了。”

“是吗？不过我总比昨天那位同事英俊潇洒吧！”原一平跟对方开了一个小玩笑，然后一本正经地说：“矮个没坏人，再说辣椒不是愈小愈辣吗？只要您给我三分钟时间，您就会知道我与那位仁兄有何不同。”不论如何，当两个人开怀大笑时，陌生感消失了，彼此也“心有灵犀”了。

五、了解客户需求

消费者之所以购买产品，是因为受需求的驱使。由于缺少某些令人满意的东西，人们便产生了需求。不同的购买者对想要的东西有不同的购买动机，但都是为了满足他们获得尊敬、方便、舒适、健康、美丽或者其他方面的需求。

1. 客户的需求与客户的认同

客户的购买行为源于购买动机，而购买动机又源于需求。客户之所以会产生需求，是因为对现状不满，期望改变现状，以达到一个新的高度。达到一个新的高度需要一定的硬件和软件等两方面的条件作为支撑。销售商提供的产品和售后服务就是客户需要的硬件和软件。例如，一份报纸要提高发行量，目标的改变就可能带来两个需求：一个是设备的改进，另一个是人员素质的提高。设备的改进是硬件的需求，而人员素质的提高则是软件的需求。销售商了解了客户的需求，就可以有的放矢，有针对性地充分满足客户的需求。

分清消费群体，针对不同的客户群，要用不同的语言方式来对待。对待有责任心的男士，不妨讲“如果您对您的太太和孩子有爱心、有责任心的话，不妨选择我们的产品。在生日或是节假日，投一份保送一份爱心，您会意外获得一个好心情，更能加强家人的凝聚力。”

如果你面对的是 40 多岁的女士，就可以说：“当我们老了以后，最难过时，有所安排，还不让孩子们负担，您觉得怎么样？”你为对方着想，就能得到对方的认同。

2. 客户的需求与实现销售

需求的本质就是客户的期望和现状之间的差值。客户的需求产生于已经得到的和希望得到的之间的差异。了解需求的目的应该是了解和发掘客户的现状与他所期望达到的目标两者之间的差距。只有这个差距才是最终促使客户购买某种商品的实质性需求。销售人员所提供的产品或售后服务能够弥补这个差距，方能顺利实现销售。

所以，促销的原则是帮助消费者或客户了解自己真正需要的是什么，然后努力帮助他们去实现并满足这一需求。同时，设法将产品的各种实际价值提升到客户所期望的高度，甚至比他的期望更高的水平。

3. 沟通供需

销售员和客户的关系体现在两个过程：销售的过程，即销售员向客户推荐自己的产品和售后服务；购买的过程，客户是否购买销售员的产品。可以说，销售的过程决定着购买的过程，客户是否购买产品，关键在于销售员的销售工作做得好坏。

沟通供需，关键在于理解购买动机与找出购买动机。动机决定行为，购买动机是客户购买过程的第一步。为此，销售员应全面地找出客户的购买动机，了解客户购买动机的强弱。否则，会让人觉得生硬，因而不为所动。例如："请和家人一起来吃一次火锅或水饺，过一个快乐的周末吧?"这样的说法让人深感亲切、温馨，因而极具诱惑力。销售员可以通过了解顾客现在的情况、面临的困难和不满，进而问到他们想要的。仔细倾听其回答，就可以掌握顾客真正的需求。

超市收银系统的客户需求调查。

（1）相关情况问题。询问潜在客户与自己产品相关的基本问题。比如"你们店每月的营销额有好几百万吧?"这将有助于大致了解顾客的需求。

（2）疑难问题。询问潜在客户觉察到的与自己问到的基本情况有关的具体问题、不满或者困难。比如，"销售高峰期间顾客付款等待时间长不长?"通过询问疑难问题，能够计算了解潜在客户所面临的或亟待解决的问题，也有助于潜在顾客认清自己的问题所在和明确需求，进而激发他们解决问题的欲望。

（3）暗示性问题。询问潜在顾客存在问题的内在含义，或者这些问题对其家庭、日常生活和工作产生的不良影响。例如，"顾客付款等待时间一长，会不会影响下次光顾。"暗示性问题能够在潜移默化中引导潜在顾客主动去讨论目前存在的问题，并且认真思考如何加以改进，激发潜在顾客的购买欲望。

（4）需求确认问题。询问潜在顾客是否有重要或者明确的需求。比如，"如果有一套系统能够缩短50%的付款时间，想不想看看?"如果回答是肯定的，表明这一需求对潜在顾客而言很重要，这样就可以重新询问其他问题，以便进一步发掘潜在顾客的其他需求。如果回答是否定的，表明这一需求对顾客而言无足轻重，但仍可以继续从其他疑难问题、暗示性问题、需求确认问题入手，寻找顾客的其他需求。这也涉及到提问的方式。精心设计问题，才能一步步掌握潜在顾客的实际需求，并把产品的利益和潜在顾客的特定需求结合起来，解决顾客面临的问题，实现他的目标，这将大大增加销售成功的可能性。

可以采用以下方式提问。

（1）采用开放式提问。让顾客用自己的语言来回答和解释销售人员的提问。例如，销售人员可以这样询问顾客："产品在使用过程中感觉如何?""您对目前的产品有哪些不满意的地方?”以开放式询问顾客并耐心等待，或用鼓励的语言让顾客大胆地告诉有关信息，提高顾客的参与性。这样，自己获取的信息也就比较多。为了获得更新型的材料或使讨论继续下去，进行开放式提问时需要掌握追问的技巧。通过追问可以完整地了解顾客的需求，并且知道每一需求背后的详情和原因，知道需求的优先顺序。

(2) 采用封闭式提问。让顾客在固定选项中简单的回答“是”或“不是”。例如，“……对您是否重要”“您是否在寻找……”封闭式提问特别有利于将顾客引向一个具体的话题。

两种提问方式，尽量多用开放式问题。如果顾客的需求不够明确，要设法追问清楚。如果不能肯定顾客的需求，再用封闭式问题进行确认。因为过多的封闭式问题，容易让顾客有被审问的感觉。

案例5：提问方式比较

下面是市场调查中的两组提问。

第一组。问：“您对这种饮料有什么地方不满意的?”第一次回答：“不好喝”。追问一：“您还有什么不满意的?”第二次回答：“包装不好。”追问二：“您还有没有不满意的呢?”第三次回答：“没有了。”

第二组。问：“您对这种饮料有什么地方不满意的?”第一次回答：“不好喝。”追问一：“您说的‘不好喝’是指什么呢?”第二次回答：“太甜了，有些腻。”追问二：“除了太甜了、有些腻之外，您还有没有不满意的呢?”第三次回答：“包装不好。”追问三：“包装哪些地方不好?”第四次回答：“颜色太红了。”追问四：“您还有没有其他不满意的呢?”第五次回答：“没有了。”

点评分析：

第一组是封闭式提问，顾客只做了简单的否定式回答，内容不具体。

第二组是开放式提问，顾客不仅回答了“怎么样”，而且回答了“为什么”，内容具体详尽，信息量大，有利于商家或厂家改进工作，提高产品质量，满足市场需求。

案例6：

李老太的儿媳妇怀孕有两个多月了，这几天胃口一直不太好，老想吃酸的。李老太想，儿媳妇的营养一定要加强。这样想着，李老太就来到了李子摊前。

李子摊王老板一见有顾客来，马上热情地招呼：“新上市的李子，要不要?”李老太看了看，问：“这李子怎么样?”王老板马上说：“我的李子个大味儿甜，您老来二斤?”李老太左摸摸，右看看，李子的确是又大又红，李老太却摇摇头说：“我再转转。”

李老太又来到了张老板摊前。

张老板见李老太面带喜色，肯定家有喜事，便问道：“老太太，什么事这么高兴?”李老太乐呵呵地说：“就要抱孙子了，能不高兴吗?”张老板马上说：“恭喜！恭喜！儿媳妇怀孕几个月了?”“都俩月了。”李老太笑得合不拢嘴。“那可得加强加强营养，喜欢吃酸的吧?”“是啊！是啊！这两天就想吃酸的。”张老板顺势说道：“我这个李子够酸，而且很有营养，您儿媳妇吃了，一准给您生个胖大小子。”“是吗?那给我来两斤。”李老太高兴地买了李子，哼着小曲回家了。

点评分析：

王老板的李子又大又红又甜，为什么老太太不买？因为王老板一心想着卖李子，却没有考虑对方的需求。

张老板为什么把李子卖出去了呢？因为他善于察言观色，投其所好，满足了老太太儿媳想吃酸东西、自己急着抱孙子的心理需求。

六、销售语言技巧

在销售过程中，销售人员需要灵活运用销售语言技巧，向客户介绍产品或服务等方面的情况，以便成功地促使顾客决定购买或消费。而当销售过程中顾客有异议时，恰当的语言表达技巧又是转移或搁置矛盾、缩小或化解分歧的主要手段。同时，在阐述意见和要求时，合理的语言表达方式，既可以清楚地说明自己的观点，又不至于引起对方的不良反应。想客户之所想，帮助客户得到更多、更好的服务。经营者就会发现，顾客不仅仅只是满意，而很有可能成为回头客。

1. 销售陈述

销售陈述就是在销售过程中，销售人员向客户进行产品或服务方面的清晰而简明的介绍。其目的在于以下三个方面。

（1）让客户清晰地了解自己的需求。销售人员应适时且及时地找出其购买动机，为下一步的销售陈述做铺垫。

（2）创造消费、享受的氛围，让客户有满足的感觉。当客户有了购买的动机后，往往需要咨询相关的商品、技术原理、使用技巧和复杂设备运行的可行性等。销售人员应积极、主动地充当专家的角色，为顾客做产品介绍、评估和提供相关服务。这种销售陈述，是销售过程的核心部分。

（3）通过销售陈述化解客户异议，进入购买程序，实现商品销售。销售陈述讲得好，将对促进顾客愉快消费产生重要影响。

例如，“这种传真机目前的速度已经达到 12 秒一张了。”这样纯性能的说明叫人难以感觉到什么直接的好处。如果换一种说法，“使用这种传真机，每传送一张，在市内可以节省 1 元钱的费用，在市外则可以节省 2 元。”这就让客户直接体验到新产品带来的可喜价值，具有显著的促销作用。

2. 理解顾客异议

（1）所谓异议，就是顾客的不同意见，其实质是客户对于产品或服务的不满意。客户对产品或服务提出异议，这是很常见的。客户表达异议的方式多种多样，客户可能直接说对产品没兴趣，也可能借口要开会或需要和其他人进行商量。这些异议有可能是真的，也有可能是假的。但即使是假的异议背后也往往隐藏着真的反对意见。客户的异议往往如同冰山，异议本身只是客户全部意思表达中很小的一部分，真正的异议是客户隐藏起来的那更大的部分，需要销售人员去进行深入发掘。

（2）理解异议

异议的存在和积累往往造成交易的失败。只有正确理解争议，才能顺利化解异议，进而解释客户的疑惑，化解客户的不满。

从顾客方面看，有的顾客对具有新功能的新产品、新的推销方式缺乏认识，没有认识与发现自己新的需要，还是固守原来的购买内容、对象、方式，因而对新事物提出异议；有的客户由于缺乏支付能力，而对自己喜爱的商品提出价格方面的异议等。

从销售方面来说，有的异议来源于产品质量与顾客的需求有差距，有的异议是因为商品定价不稳定，有的异议则是因为推销服务的态度与质量欠佳，产生矛盾的根源是极其复杂的。那么，作为销售人员又怎么能要求顾客的一切异议都必须完全合理呢？

解决问题的关键不在于推销人员能不能有理有据地驳倒对方异议中的不合理因素，而在于首先树立“顾客是上帝”的宗旨，并由此去理解顾客的不满，了解他们提出异议的合理性和客观性，从而更加欢迎顾客的批评意见，以改进自己的服务，化解顾客的不满和抱怨。

3. 化解异议的语言方式

面对顾客的挑剔和不满，聪明的销售者往往善于给顾客一个“台阶”，让对方恢复心理平衡，这样既能赢得顾客的信任，也平息了双方的矛盾，使顾客在购买自己的产品时有愉快的心情。

（1）劝说式。

当遇到顾客坚定的异议时，优秀的销售人员善于采用说服的方式，进行“劝说式的销售”。可能选择暂时搁置争议的处理方法，但这仅仅是一种缓兵之计，还需要积极探明顾客的真实需求，依循“顾客中心”原理来争取解决问题。而平庸的销售人员则往往是坚持己见，这就会导致交易的失败，要不然就走向另一个极端——让步太多而最终导致卖方利益大大受损。

（2）竞争式。

竞争型的销售员着眼于最大的利益，主张找到问题，即客户的真正利益所在，然后加以消除。但往往因为客户也坚持最大的利益，最终可能由于双方利益的严重冲突而导致交易的失败，甚至永远失去客户。

（3）合作式。

通常主张双方共同协商找到解决问题的办法，从而克服异议。合作型的销售人员更注重考虑双方共同的利益，采用双方都能接受的、较为妥善的方法解决分歧，共同获得最大的利益，达到“双赢”。合作型的销售人员善于给自己的主张限定一定的范围，只要双方达成的协议进入自己的范围就可以接受，并非一定要坚持使自己获得最大的利益。

案例7：

在家电商场，一个中年男顾客盯住一台大彩电看了又看。营业员含笑走上前去。

营业员：“喜欢吗，大屏幕、重低音，价钱比去年便宜了近千元……”

顾客：“色彩、声音都不错，就是太大了，跟我房间不相配。”

营业员：“哎呀先生，现在住房改革，房间可以由小变大，电视机就不能由小变大？现在时兴大屏幕，将来配卡拉OK、影碟机就不用再换大的了。买大的好，一次到位，反而省钱……”

案例8：

有个人很善于做皮鞋生意，别人卖一双，他能卖几双。朋友请教做生意的诀窍，他笑了笑说：“有些顾客到你这里来买鞋子，总是东挑西拣，到处找毛病，把你的皮鞋说得一无是处。顾客总是头头是道地告诉你哪种皮鞋最好，价格又适中，式样与做工又如何精致，好像他们是这方面的专家。这时，你若与之争论毫无用处，他们这样评论，只不过想以较低的价格把皮鞋买到手。这时，你可以恭维对方确实眼光独特，很会挑选，自己的皮鞋确实有不足之处，如式样不新潮，鞋底不是牛筋底，不能踩出笃笃的响声，不过较稳罢了，但是，柔软也有柔软的好处……你在表示不足的同时，也侧面赞扬一番这鞋子的优点，也许这正是看中的地方，可以使他们动心。顾客花这么大心思，不正是表明了其实他们是很喜欢这种鞋子吗？以退为进，既满足了对方的挑剔心理，又能顺利做成生意。”

【随堂实践】

课堂情景训练

1. 有家坐落在旅游名胜地国际机场出口处不远的三星级酒店，常常会遇到因飞机晚点而没有被接机者接走的客人。这天，下着滂沱大雨。有几位客人预订了市中心××四星级酒店的客房，但是在机场出口处并未见到该宾馆的接客车。因为下雨，几位客人就来到了这家饭店大堂等候。面对这几位客人，如果自己是大堂经理，会如何反应？

2. 改进接近客户的方式（自己设计练习）

销售人员：“有人在吗？我是××公司的销售人员，陈先生。在百忙中打扰您，想要向您请教有关贵店目前使用收银机的事情。”

商店老板：“哦，我们店里的收银机有什么毛病吗？”

销售人员：“并不是有什么毛病，我想是否已经到了需要更换的时候。”

商店老板：“没有这回事，我们店里的收银机状况很好哇，使用起来还像新的一样，哦，我不想考虑换台新的。”

销售人员：“并不是这样哟！对面李老板已经更换了新的收银机呢。”

商店老板：“不好意思，让您专程而来，将来再说吧。”

【双语范例】

跑步机营销案例

销售员：早上好。需要我帮忙吗？

顾　客：早上好。现在我只是看看。

销售员：好的，请看吧。您以前了解过我们的产品吗？

顾　客：我想我听说过。

销售员：除了“健康人生”很快获得声誉以外，我们的产品相对都是新品。我们在欧洲市场有很大的商场占有率。

顾　客：真的吗？事实上，我对跑步机很感兴趣。你能告诉我这个范围内的价格吗？

销售员：当然可以。价格从199美元到1299美元。

顾　客：你是说1299美元吗？

销售员：是的。这个价格是为健身俱乐部和政府设计的。

顾　客：我确定这是目前技术最先进的专业机器。

销售员：当然了。或许你有兴趣看一下我们的家用跑步机。我能为您介绍一下吗？

顾　客：可以，请讲。

销售员：在这边，我们有物美价廉的家用跑步机。在设计中我们避免了噱头同时汲取了所有类型跑步机的有用的特性。这一款，T1R－08每小时速度为1～10英里，可以反馈卡路里、速度、坡度、心率和距离这五项，当然还有时间。

顾　客：价格是多少？

销售员：在交易会上特价销售，平时499美元，现在只售359美元。非常合理的价格。我想您也会这样认为。

顾　客：嗯，不错。有保修卡吗？

销售员：当然有。我们对框架提供终身保修，发动机保修5年。

顾　客：很好。他能承受的体重是多少？

销售员：哦，这个您不用担心。使用者体重最重可以达到110公斤。您想在练习区试用一下吗？

顾　客：哦，不用了，谢谢你。恐怕我现在没有时间。但是我想了解关于你们产品的更多内容。

销售员：当然可以。这是我们的最新的宣传册，里面有所有产品的最新消息。这是我的名片。

顾　客：谢谢你。

销售员：如果您需要任何信息，请联系我。

顾　客：好的。我会的。

Treadmills Marketing

Salesman: Good morning. Can I help you?

Customer: Good morning. I'm just looking at the moment.

Salesman: Yes, please. Have you come across our products before?

Customer: I think I've heard of them.

Salesman: We are relatively new, but Healthy Life is acquiring a reputation very quickly. We enjoy a very big market share in the European market.

Customer: Really? Well, actually I'm quite interested in the running machines. Could you tell me what the prices are in this range?

Salesman: Of course. The prices start at \$ 199 and they go up to \$ 1,299.

Customer：Did you say ＄1,299？

Salesman：Yes，that's right. This horizon range is designed for health club and government.

Customer：I'm sure this is a real state of the art when it comes to professional machines.

Salesman：Absolutely！Perhaps you'll be interested in looking at our running machines for home use. Shall I show you some of them？

Customer：Yes，please.

Salesman：Over here，we offer an excellent value range of relatively inexpensive motorized running machines for home use. We avoid gimmicks while incorporating useful functional features in all the running machines. And this one，T1R－08 with speed of 1～10 mph，fives feedback about calories，speed，incline，heart rate，distance，as well as time.

Customer：What's the price？

Salesman：It's on special at the fair，only ＄359 instead of the regular price ＄499. Very reasonable price. I think you'll agree.

Customer：Well，not bad. Do you have some information about the warranty？

Salesman：Of course. We provide a lifetime warranty for frame，5 years for motor.

Customer：Right. How much weight did it able to bear？

Salesman：Oh，you needn't worry about that. The Maximum User Weight allowed is 110 kg. Would you like to try one out in the practice area？

Customer：Er，no，thank you. I'm afraid I don't have time at the moment. But I would like to read some more about your products.

Salesman：Sure. Here are some of our latest brochures with up-to-date information on the full ranges. And my card.

Customer：Thank you.

Salesman：Please contact me if you need any more information.

Customer：OK. I will.

任务十三 求职自荐靠才能

【任务综述】

2014 年 7 月，德州职业技术学院电气系机电一体化专业学生小李以优异的成绩完成学业，经德州职业技术学院推荐，应聘于一家中外合资公司，经过多层选拔，进入了应聘求职面试程序。

任务：模拟招聘会现场，以公司人事部经理的名义对小李进行面试。

一、任务目标

1. 知识目标

了解求职前的准备工作；掌握面试时的对答技巧。

2. 能力目标

（1）能按规定格式独立完成“求职信”。

（2）应聘时能展现出应有的能力及风度。

二、任务实施

1. 课前要求每组选出一个求职人员并积极熟悉教材，了解求职前的准备工作，了解对答技巧；招聘人员要提前设计好问题。

2. 操作：共计5~6个求职人员；其余都代表公司的招聘人员。

3. 确定任务：（任选）

（1）到公司应聘会计、营销员等职位（任选）。

（2）应试外资企业进出口公司职员。

4. 模拟招聘会的现场，老师和学生组成面试成员，求职学生模拟应聘。

5. 成果展示。

【任务资讯】

一、求职口才概说

二、求职口才技巧

三、面试对答的技巧

四、模拟场景“求职口才训练”

【资讯链接】

一、求职口才概说

（一）什么是求职

所谓求职，就是选择职业、谋求职业，它有毕业生求职、待业人员求职、跳槽求职等。求职的途径有多种，例如到劳动就业机构（如人才交流市场）求职，到各大专院校就业咨询处求职，到具体单位求职，写信求职，通过征聘广告求职等。

在职业的大世界中，如何才能使自己谋求到如意的职业，避免在求职中碰钉，有些原则是必须遵守的。求职要符合社会需要的原则、全面正视的原则、有的放矢的原则。

（二）求职口才

求职口才是指求职者在应聘过程中（即面试中）进行言语表达时所表现出来的一种才能。求职口才有如下的特点。

1. 目的性

在面试考场上，求职者所说的每一句话都是为应聘服务的。求职者所进行的自我介绍、对面试官所提出的问题的回答，或作一些必要的询问，都可让面试官了解自己，显示自己的实力和自我价值，达到自己被录（聘）用的目的。

求职带有很强的目的性，但应摒弃急功近利的心态。有些求职者因求胜心切，在面试时一味讨好面试官，这样反而令人讨厌，导致面试的失败。

2. 自荐性

自荐性强，是求职口才有别于其他口才的一大特点。

在求职场上，面对着众多的对手，如何才能使自己脱颖而出，让用人单位注意自己呢？除了本身必须具备的专业技术素质外，能在面试场上正确地评估自己，恰如其分地推荐自己，是获得成功的关键。

自我推荐，就是把自己与求职有关的情况恰如其分地介绍给招聘单位。正确地评估自己，但亦要避免过分的谦虚。面试时，适度谦虚可以给人好感，但谦虚过度则会使人对你产生怀疑，认为你无能、缺乏自信心，所以，面试时既要勇于自荐，又要避免过度谦虚。

3. 艺术性

求职口才是一种技巧，是一种艺术。

作为求职者，在面试场上，面对着千方百计想在你的语言中收集信息的用人单位，求职者该怎么说，怎么答呢？如何才能使自己表现得更为出色，让对方更为满意？这些都要求求职者在说话时既要准确得体，又要灵活巧妙。

（1）准确得体。所谓准确得体，就是如实地反映自己的情况，对能表现自己的重要方面不能顾此失彼，说话要把握时机，一切以适度、恰当为准则，既要树立自己的形象，传递信息，为面试官了解自己创造有利条件，又要表现得不卑不亢，有分有寸。不要因为自己的资历高而傲气，也不因为自己的某些缺点而灰心。话说得准确、得体，是一个人社交能力和修养的体现。

（2）灵活巧妙。灵活巧妙是说话艺术的高超表现。面对着一些较为挑剔的面试官，面对着难以回答的问题，如何使自己不说可能导致失败的话，化难为易，化弊为利？这就要求求职者要灵活巧妙地应对。在面试中，灵活的表现，巧妙的语言，不仅显示了求职者的说话技巧、交际能力，而且能引起招聘单位的注意和欣赏，收到令人满意的效果。

（三）求职前的准备

一个单位在选择人才时，他们所注意到的不只是求职者的学历，还十分注意求职者在学校中获得的知识与技能以及知识外的其他方面，诸如社交能力、实际工作经验、性格、特长爱好等，所以，一个求职者，他要战胜其他众多的求职者，为自己谋求到一份理想的职业，就得有一个细致的心理准备。

1. 正确评价自己

这个问题看起来似乎很简单，但其实不然，一般的人往往会过高估计自己，很多求职者因未能正确地估计自己而在求职场上落败。在市场经济发展的今天，受用人单位青睐的，正是那些具有丰富专业知识和较强实际能力的复合型人才。所以，求职者在求职前先要进行自我评价、自我选择。正所谓，知己知彼，百战不殆。

正确认识自己时既不要妄自菲薄，又不能夜郎自大。首先从自己所具有的知识结构来选择对口的职业。俗话说“隔行如隔山”，不在行的，即使有很大的能耐，也只是白费劲而没成绩。其次，了解自己的性格、爱好及知识结构类型，选择自己感兴趣的、合乎个性的职业。你想当个教师，那你是否热爱学生，有较强的语言表达能力？你想做个业务推销员，那你是否具有那种胆量与耐心？你想当一名编辑，那你是否有较强的文字组织能力和文字处理能力？

从个人选择职业来说，求职前要正确认识自己，而从单位选择人员的角度来看，求职者更应在正确估计自己的情况下去求职。

有一位读金融专业的大学生，他的专业水平很高。唯独不足的是外语水平只是一般，他认为他有如此拔尖的专业知识，必定受用人单位的喜欢。当他满怀信心地到某家银行国际业务部面试时，第一次就被刷了下来。国际业务部是一个需要有较高外语水平的部门，这位大学生这么一试，当然落败。他之所以失败，并不是因为知识少、能力低，而在于他未能正确地估计自己，估计职业的需求，盲目地去应试。假如他能去一个对外语水平要求不是很高的其他部门求职，他或许会初战告捷。

2. 了解招聘单位

对招聘单位的了解，不只是简单了解它的待遇福利，而是全面了解它，包括它成立的背景、内部结构、领导的作风、工作原则、管理方式、人员的组成等。通过了解，可以减少盲目性，打好应聘、择业这一仗。

3. 准备有关的资料

包括推荐表、履历表、自荐信（自我介绍信）、证明材料。自荐信要写得简明扼要，书写工整；材料要完整齐全，份数充足，为招聘单位提供方便。

二、求职口才技巧

在整个面试中，主要包括两个阶段：自我介绍和对答（有些还有笔试）。

（一）自我介绍口才技巧

在面试开场时，面试官对求职者还未认识之前，一般会让求职者作自我介绍。这是给面试官第一印象，让面试官初步了解求职者的时候。

1. 围绕中心组织语言

在作自我介绍时，最忌漫无中心，东扯一句西扯一句，或者事无巨细都一一详谈，让人听了不知所云。求职面试中的自我介绍宜简不宜繁，一般包括这些基本要素：姓名、年龄、籍贯、学历、学业情况、性格、特长、爱好、工作能力、工作经验等。对于这些不同的要素该详述还是略说，要按招聘方的要求来组织介绍的材料，围绕中心说话。假如招聘单位对应聘人的工作能力和工作经验很重视，那么，求职者就得从自己的工作能力及经验出发作详细的叙述，而且整个介绍都是以这个重点为中心。

请看下面一例：

这是 × × 工艺品总公司招聘业务员时的一则对话。

面试官：我公司主要经营有地方特色或民族特色的工艺品，如北京的景泰蓝、景德镇的陶瓷，杭州的纸伞，潮州的抽纱等。这次招聘的对象主要是能开拓海内外业务的潮州抽纱、刺绣的业务员。现在，先请你介绍自己的情况。

求职者：我叫杨晓玲，1994 年生于潮州市，今年毕业于 × ×学校，是读市场营销专业的。我一直生活在潮州，在我读小学时，就在放学后帮妈妈、奶奶做抽纱活，先是学勾花，再学刺绣、抽纱，以后寒暑假也都做抽纱，帮家里添点经济收入。通过中专两年的专业学习，我掌握了营销方面的专业知识，这是我将来搞好业务的资本。我的口才较好，曾参加省属中专学校的口语竞赛，得了二等奖（递上奖状）。我这个人的特点是头脑灵活，反应快，平常爱读书看新闻，对国内外的经济发展动态很感兴趣。

这位求职者对自己情况的这一段介绍，显得清晰明了，并且中心突出，有针对性。从以上的对话可知，这一招聘单位的招聘要求有：具有营销方面的知识；熟悉推销业务及对象；有较强的口头表达能力；有抽纱的工作经验。这位面试者能围绕这些要求进行组织介绍的语言，她侧重从三个方面来介绍：①读市场营销专业，具有市场营销方面的知识；②生活在潮州，自小就懂得抽纱，刺绣的技术；③口才好，头脑灵活。

可见，这位求职者的介绍正符合招聘者的心理和要求。

2. 化独白为沟通

很多求职者在进行自我介绍时，往往容易忽略一个问题，脱离不了“自我”这个中心。在求职面试场上，如果应聘者在自我介绍中，一味在“我怎么样”中兜圈，很容易使面试官反感。聪明的应聘者，就懂得如何化自我介绍为一场应聘者与面试官之间的谈话。

请看下面一例：

面试官：现在，请你来谈谈自己的情况。

求职者：……我选择的是建筑学专业，或许经理你会觉得奇怪，像我这样一个斯斯文文的姑娘，怎么会选择一个要经常下工地搞设计的专业，我之所以选择这个专业，原因有多个……

这位求职者在自我介绍时，巧妙地把单调的“自我介绍”化为与对方的交谈，这样既减弱了“自我”的意识，又缩短了求职者与面试官之间的距离。

3. 用事例说明成绩

在自我介绍中，要尽量避免对自己作过多的夸张，一般不宜用“很”“第一”“最”等表示极端的词来赞美自己。在面试场上，有些人为了让面试官对他留下深刻的印象，往往喜欢对自己进行过多的夸张，如“我是很懂业务的”“我是年级成绩最好的一个”，总是喜欢带着优越的语气说话，不断地表现自己的。其实，如果对自己作过多的夸耀，反而会引起面试官的反感。

谈论自己的话题，应尽可能避免一些夸大的形容词，把话讲得客观真实，尽量用实际的事例去证明你所说的，最好用真实的事例来显露你的才华给面试官。假如缺少真实的事例，用朴素诚实的语言来介绍自己，为自己树立一个诚实朴素的形象，同样也可以达到较好的效果。

（二）自我介绍时应注意的问题

1. 清晰简洁

清晰，要求表达时声音亮度恰如其分，吐字清楚，语速缓慢适中。

有一位新闻系大学生，她去应聘当记者。当报社主管让她作自我介绍时，她由于极度紧张，第一次说话时，声音小得几乎令人听不见；当面试官让她重来一遍时，她更加紧张，开口说话却显得结结巴巴，后来不断要求重来，连面试官都听得不耐烦。虽然这位女学生文字能力很强，写作水平高，但她却缺乏做记者的另一基本能力——口才，结果当然不尽人意。

吐字清楚也即说话时发音准确，不能产生歧义，特别是方言较浓的人，更应该注意普通话的使用。

简洁即要求在进行自我介绍时，只说该说的话，少用描写性的语言。例如在介绍学历时，有人会从幼儿园一直谈到最高学历。其实，在谈学历时，一般着重谈的应是目前为止最高学历的情况。

请看以下一则自我介绍的开头：在北方一座美丽的城市里，有一个婴儿呱呱坠地，他以哭声宣布他已降临到这个世界。他因家境困难，一直压抑着求学的欲望，这个人便是我……

这一段介绍违反了“简洁”的原则，它不但啰嗦，而且给人模糊的感觉。姓名、年龄、学历的开始时间等都没有交代。自我介绍属于说明的一种，它应摒弃抒情色彩、描写色彩较浓的语言，说该说的话。

2. 使用必要的礼貌语

在作介绍前，要先对面试官打个招呼，道声谢，如“××经理，您好，谢谢您给我这么好的机会，现在，我向您作个简单的自我介绍”。介绍完毕后，要注意向面试官道谢，并向在场面试人员表示谢意。

三、面试对答的技巧

在面试过程中，最能考验人的是对答这一阶段。自我介绍只不过是面试官以此对求职者获得一个初步的印象，而对答阶段，则是从不同角度去考求职者的应变能力、适应能力、专业水平、工作能力、性格爱好、处事方式、处世态度等。

对答阶段的问话，一般会出现下列一些问题。

求职的愿望、动机；求职者的专业水平，学历、知识结构；求职者的性格兴趣、爱好特长；求职者的优缺点；求职者的社会工作、工作经验等。在这一大堆问题类型中，有普通的一般性的问题，也有难题和怪题。总之，整个对答阶段就是对求职者综合能力的考察，它不仅需要求职者有丰富的学识，而且还需要求职者有敏捷的反应和准确的语言表达能力，而后者恰恰是众多面试求职者临场时所缺少的。因此，必须在平时积累有关对答的口才技巧知识。

1. 普通问题对答技巧

所谓普通问题，是指在一般求职面试场上往往问得较为频繁，回答者只需根据自己的特点给予回答即可的问题。这类型问题是相对于那些让求职者觉得为难的问题而言的，虽然说它们普通，但也得讲究技巧，才会使你的回答更突出，给面试官更深的印象。主要方法有：直言相告法、实例证明法、个性显示法。

2. 难题对答技巧

在求职面试过程中，除了一般性的问题外，最令求职者棘手的是一些难题和怪题，这类问题一般从以下几个方面提出。

一是与求职者有关的。你的兴趣爱好是什么？你有没有自信心？你有没有工作经验？你的学业情况如何、你的求职动机、工作意向是什么等。

二是与工作单位有关的。你如何看待本公司？你将对本公司有什么贡献？如何看待××部门这一职位？你要求的待遇是多少？如果公司的公事与你的私事有所冲突，你将如何处理？

这些都是会令求职者感到困难和难堪的一些题目。这就要求求职者在回答难题时要注意技巧和方法，主要方法有以下几种。

（1）巧转话题，化弊为利。在求职过程中，当面试官向求职者提出一些问题而又不能不回答，但如果说出后将对自己不利，就应该换个角度，巧换话题或巧换答案。

（2）虚实并用，以实补虚。在面试场上，面试官所问的问题，往往是虚发，一方面他想了解你的理解能力，另一方面，因为这些是些难度较大的问题，为了不让求职者难堪，他常会虚问问题，而在心目中却希望求职者以“实”来回答。

①求职者凭自己所具有的知识、技能（即所受教育）能做些什么工作；

②求职者凭自己所具有的经验（工作经验、社会经验）能为公司做些什么。

（3）另辟蹊径，曲言婉答。在面试场上，对有些问题的回答，如果用确切的语言回答，会使自己走上死胡同，又使对方难以接受。所以，在某个时候，就得另辟蹊径，避开正面话题，由远及近，由彼及此，最后才回到问题上去。

3. 应注意的问题。

（1）语言要切题，得体。要做到语言切题、得体，一般要注意避免以下几种情况。

①说话范围过大。在回答前，一定要揣摩好面试官的问话，不要大题小做或小题大做，这样都会给自己带来不利。比如，当面试官让求职者谈谈某方面的爱好时，要记住不要扯得太远，只挑一两个与工作关系密切，最能体现自己特性的爱好加以回答即可，也就是说，该简短的不要长谈，更不要离题。

②过于自信。过于自信会导致说话人说话会不顾及后果，以自己为中心，一味夸奖自己。这种旁若无人的自我夸奖，不但不会增加面试官对求职者的了解、赏识，反而会令对方对求职者反感。

③过于恭谦而不讨好。中国人素以恭谦为美德，但在求职场上过于恭谦也会令自己不利。求职者不应老是在说一些很客套的话，如“不不，我做得不好”“我可能说得不大对”“我水平有限，答得不好”，这些谦语虽是在表现求职者的谦逊，但若说得太多，无形中也在贬低自己的水平。

（2）语言要详简适中。在注意语言不要啰嗦的同时，也得注意回答问题不能太简短。有些求职者在面试时回答问题只简单地用“是”或“不是”作答。要知道，面试官是想通过具体的回答来了解对方的情况，而不只是需要简单的答案。

（3）语气中要显个性。有些求职者错误地认为，在求职场上不能得罪面试官。因而一味使用一些过于迎合面试官的语言。其实，不要得罪人与极力讨好人是两码事，在回答问题时，若极力迎合面试官，一味唯唯诺诺，只会让人觉得你是个毫无主见的人。

四、模拟场景“求职口才训练”

（一）求职前（准备工作）原则和方法：有备而来，有的放矢

求职前应该做哪些准备工作？

1. 资料准备

2. 心理准备

3. 着装准备

4. 观察招聘现场，找准目标

5. 保持良好的语言习惯

良好的语言习惯是指说话时不犯语法错误，表达流利，言之有理，口齿清晰，语调得体，声音自然，音量适中，说话时俗语运用不当，口头禅满篇，病句太多，都是语言修养不高的表现。

6. 当好一名倾听者

面试是一个双向沟通的过程，光说不听或者光听不说都会成为沟通的障碍。许多求职者，依着聪明往往不等别人把话说完就中途插嘴，因此常会出现错误且有失礼貌。

7. 言简意赅、废话少说

在面试中尽量让应聘人员多讲话是许多考官采取的一种策略，许多应聘者在面试时也常会采取用多讲话的方式，如果应聘人员真的有很多的潜能，或有很好的说话技巧，在这种情况下多说无碍，但对于大多数应聘者来说采取多讲策略是不明智的，因为吃亏的往往是自己，所以应聘者在面试时应把紧自己的嘴巴。如果认为已经回答完了就不要再讲，该讲则讲不该讲就不要多讲，更不要采取主动出击的办法。

8. 不该谈的请保持缄默

现代企业讲究团队精神，你对人际关系胆怯或避讳可能会被认为你在人际交往中缺乏自信，从而对你的第一印象大打折扣。另外对收入太低的不满也不要直接表露出来。

（二）应聘时（口才运用）原则和方法

1. 巧问常见问题（主要有待遇和发展潜力两大类问题）

（1）面试时薪水如何问？谈薪水这个问题的关键不在该不该问而是在要把握好什么时间什么地点和怎样发问。

①当你在人才交流会上递交应聘资料时可不失时机的问一声这个岗位的收入是多少，但如果交流会上人多嘴杂，你的问题和你本人可能不太会引起招聘者的特别关注，所以他对你的记忆也难以长久。

②面试时招聘者往往会问你现在的收入情况，你可以在回答了对方的问题后，反问一句，这个标准与贵公司相比有多少差距，当然老练的招聘者不会回答准确，但有了参照性，他的回答也会含蓄些。

③还有一些招聘单位在面试时会主动问你期望的薪酬大约是多少，此时你可以以退为进。提出反问，只要有发展机会，我愿意接受贵公司的薪酬标准，不知按规定这个岗位的薪酬标准是多少。这样不但没有露出自己的底，反而可以摸清对方的底，如果你对对方的标准满意的话，那么双方就一拍即合。

④如果遇到与对方讨价还价的情况，只要你能巧妙周旋，也一样能达到自己的目

的。在这种情况下你可以以自己的实力和潜力做谈判基础。积极主动地突入对方领域，比如你可以告诉对方，如果具体运作某项业务。你有哪些经验和优势，若独立开拓某项业务你的思路是什么，如果这些方式能先入为主打动对方，那将会为自己赢得更大的空间，直至开出好价位。

（2）如何提问题。

①紧扣工作任务发问；②紧扣职责发问。

（3）示范性问题。

①我会接受何种岗前培训？

②参加培训对我本人有什么要求？

③我的第一份工作项目会是什么？

④我的主要职责是什么，您能描绘一下在这一职位上典型的工作情形吗？

⑤您能告诉我一些有关我将直接在工作中与之合作的同事的情况吗？

2. 妙答

（1）说服面试官的方法。

①做一个耐心的听众。在求职就业中，大多数人犯的错误就是高谈阔论，“我”字不离口，他们普遍缺少倾听的耐心，对别人说些什么很少认真倾听，而多半是忙于考虑接下来要说的话、如何能够说服对方。由于无暇倾听，使得他们常被拒之门外，失去了工作的机会。当然求职就业也不能光是被动地倾听，适当时机也要有所表白。但是表白不应该以我为中心以我为主题，而是要以对方为中心把主题放在对方身上，如“我很重视您的见解”“我很同意您提出的要求”“我能为您和您的公司做些什么”“我很愿意为您工作，我会努力与您合作”。

②找出共同点以加深印象。在求职活动中如果求职者能找到与招聘者共同的地方显然有利于求职成功。自然属性，包括籍贯、年龄、社会地位、民族、学历、文化背景、爱好这些属性都容易引发人际吸引，也容易引起共鸣，为求职成功铺平道路。搞清什么是该说的什么是不该说的。在面试场上常会遇到一些自己不熟悉或根本不懂的问题，面临这种情况默不作声回避问题是下策，实事求是、坦率承认方为上策，采取这种方式应答面试中自己难以回答的问题有时能扭转被动局面，给用人单位留下好的印象。有时主考人提出的问题过大以致不知从何谈起，或当你对问题的意思不清楚时，千万不要想当然地去理解对方所提出的问题，否则会认为你办事马虎不认真，如果问题不明确一定要搞清楚，采取将问题复述一遍的方式。

（2）常见问题及解决思路。

面试过程中，面试官会向应聘者发问，而应聘者的回答将成为面试官考虑是否接受他的重要依据。本堂课对面试中经常出现的一些典型问题进行整理，并给出相应的回答思路和参考答案，在课堂教学中引导学生思考、回答、讨论，找出最佳回答方案。学生无需过分关注分析的结果，关键是要从这些分析中悟出面试的规律及回答问题的思维方式，达到活学活用的目的。

问题一：“请你自我介绍一下。”

思路：①这是面试的必考题目。②介绍内容要与个人简历相一致。③表述方式上尽量口语化。④要切中要害，不谈无关、无用的内容。⑤条理要清晰，层次要分明。⑥事先最好以文字的形式写好背熟。

问题二："谈谈你的家庭情况。"

思路：①对于了解应聘者的性格、观念、心态等有一定的作用，这是招聘单位问该问题的主要原因。②简单地罗列家庭人口。③宜强调温馨和睦的家庭氛围。④宜强调父母对自己教育的重视。⑤宜强调各位家庭成员的良好状况。⑥宜强调家庭成员对自己工作的支持。⑦宜强调自己对家庭的责任感。

问题三："你有什么业余爱好？"

思路：①业余爱好能在一定程度上反映应聘者的性格、观念、心态，这是招聘单位问该问题的主要原因。②最好不要说自己没有业余爱好。③不要说自己有哪些庸俗的、令人感觉不好的爱好。④最好不要说自己仅限于读书、听音乐、上网，否则可能令面试官怀疑应聘者性格孤僻。⑤最好能有一些户外的业余爱好来"点缀"你的形象。

问题四："你最崇拜谁？"

思路：①最崇拜的人能在一定程度上反映应聘者的性格、观念、心态，这是面试官问该问题的主要原因。②不宜说自己谁都不崇拜。③不宜说崇拜自己。④不宜说崇拜一个虚幻的或者不知名的人。⑤不宜说崇拜一个明显具有负面形象的人。⑥所崇拜的人最好与自己所应聘的工作能"搭"上关系。⑦最好说出自己所崇拜的人的哪些品质、哪些思想感染着自己、鼓舞着自己。

问题五："你的座右铭是什么？"

思路：①座右铭能在一定程度上反映应聘者的性格、观念、心态，这是面试官问这个问题的主要原因。②不宜说那些易引起不好联想的座右铭。③不宜说那些太抽象的座右铭。④不宜说太长的座右铭。⑤座右铭最好能反映出自己某种优秀品质。⑥参考答案——"只为成功找方法，不为失败找借口"。

问题六："谈谈你的缺点。"

思路：①不宜说自己没缺点。②不宜把那些明显的优点说成缺点。③不宜说出严重影响所应聘工作的缺点。④不宜说出令人不放心、不舒服的缺点。⑤可以说出一些对于所应聘工作"无关紧要"的缺点，甚至是一些表面上看是缺点，从工作的角度看却是优点的缺点。

问题七："你是应届毕业生，缺乏经验，如何能胜任这项工作？"

思路：①如果招聘单位对应届毕业生的应聘者提出这个问题，说明招聘单位并不真正在乎"经验"，关键看应聘者怎样回答。②对这个问题的回答最好要体现出应聘者的诚恳、机智、果敢及敬业。③如"作为应届毕业生，在工作经验方面的确会有所欠缺，因此在读书期间我一直利用各种机会在这个行业里做兼职。我也发现，实际工作远比书本知识丰富、复杂。但我有较强的责任心、适应能力和学习能力，而且比较勤奋，所以在兼职中均能圆满完成各项工作，从中获取的经验也令我受益匪浅。请贵公司放心，学校所学及兼职的工作经验使我一定能胜任这个职位"。

问题八："如果我录用你，你将怎样开展工作？"

思路：如果应聘者对于应聘的职位缺乏足够的了解，最好不要直接说出自己开展工作的具体办法，可以尝试采用迂回战术来回答，如“首先听取领导的指示和要求，然后就有关情况进行了解和熟悉，接下来制定一份近期的工作计划并报领导批准，最后根据计划开展工作”。

（三）口才及综合能力展示

案例教学：一位华裔小姐到一家美国公司应试，在“微软”众多稀奇古怪的问题中，她遇到了这样一道怪题：“在没有天平的情况下，你该如何称出一架飞机的重量?”这是一个假设性的问题，刁钻怪异得近乎天方夜谭。你瞧，这位华裔小姐来了个“以牙还牙”，也用假设法作了应答“这要看你用中国式还是美国式的方法了。假如是中国人，他会从古老的‘曹冲称象’中得到启迪；假若是美国人，他或许现实一些——拆下零件来分别过磅就是，也可以浪漫一些，发明一种特大型吊秤也并非不可能。”这种颇有想象力且极富创意的应答，令考官不得不为之惊叹，于是她顺利地通过了面试关。

【随堂实践】

现场模拟训练（角色扮演）

让学生模拟一个招聘会的现场，老师同学生组成面试成员，学生模拟应聘，以巩固前面学习的原则和方法问题，使学生有实践的机会，通过锻炼留下印象。（根据教学时间取舍）

【双语范例】

面试自我介绍

各位考官大家好：我从小就喜欢日语（俄语），每当我听别人说日语（俄语）的时候就好像在听一首悦耳动听的歌曲，那样的声音让我陶醉，能够灵活掌握这门语言是我多年的梦想。我很高兴今天拥有了能够实现这一梦想的机会。走过大学路的大哥哥大姐姐曾告诉我，学习其实是在学习一种学习的能力，我相信我自己具备这一学习能力。我相信经过系统深入的学习之后，有一天我会应用自如的使用它来与人交流，沟通，并以此而感到骄傲和自豪。给我一个机会，我会还您一个惊喜！谢谢！

Interview Introduction Speech

Honourable Judges, Ladies and gentlemen, good afternoon/morning! I have been falling in love with Japanese/ Russian since my childhood. When I hear someone is talking Japanese/ Russian, I am intoxicated with the sound as if I was listening to music. It's my dream to master this language for many years. I am glad to have this chance to realize my dream. Big brothers and big sisters who had been in colleges told me that study is actually to acquire the ability of learning. And I believe that I have the power. After systematic learning, I believe that one day I can communicate with other people freely in Japanese/Russian and be proud of it. Give me a chance, you will get a surprise. Thank you!

项目三 实践创新露锋芒

本项目的教学应与学生的实习实训相结合，经过前两个项目的学习，接下来是检验学生实践能力与创新能力的模块：有考查整理、综合、归纳能力的实训报告；富有创新意识的经济论文的写作。

本项目任务：要求学生在老师的指导下，把从实践中得来的真实数据进行整理、归纳与分类，争取写出真实、科学、条理、规范的实训报告以及具有科学性、创见性、专业性的经济论文，向学校汇报学习成果。

本项目要求学生达到的知识目标：了解实训报告的结构、格式和写作要求；了解并掌握经济论文的结构、格式和写作要求。

本项目学习要求学生达到的技能目标：能够比较准确、细致地对本学期完成的任务进行回顾、整理，进而形成实训报告；能够按照程序及要求独立完成经济论文的写作。

任务十四 展示硕果看报告

【任务综述】

根据德州职业技术学院经济管理系 2013 级会计电算化专业学生到合作企业公司财务部门的实习实训情况，要求学生在完成会计实务实习实训的同时，注意随时记录整理实习过程中的所见所闻和亲身感受，做好归纳总结工作，构思酝酿写出实训报告。由学校的任课老师和合作企业财务部门的会计工作人员进行指导，完成会计实务实训报告。

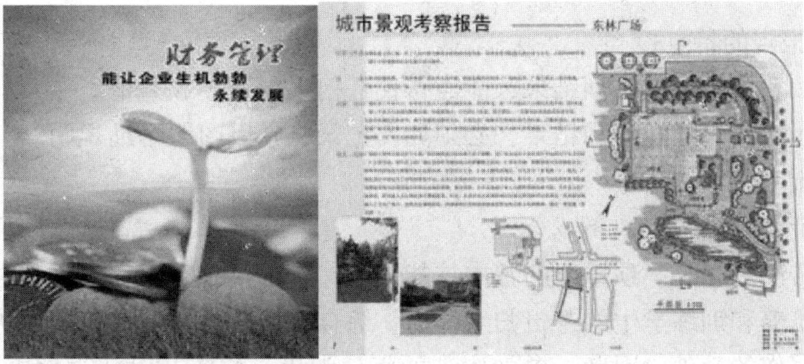

一、任务目标

1. 知识目标

了解并掌握实训报告的结构、格式和写作要求。

2. 能力目标

能够比较准确、细致地对本学期完成的任务进行回顾、整理，进而形成实训报告。

二、任务实施

1. 师生座谈，对本学期课程的项目活动进行回顾、梳理。

2. 教师采用案例教学法，让学生学习并明确实训报告的写作结构、写作格式及写作要求。

3. 指导学生写作实习报告，按照实训报告格式对本学期课程项目活动进行回顾，整理。

4. 成果展示：会计实务实训报告。

【任务资讯】

一、实训报告的概念、定义、特点

二、实训报告的内容与格式

三、实训报告案例

【资讯链接】

一、实训报告的概念、定义、特点

1. 实训的概念

实训，即“实习（践）”加“培训”，源自于IT业的管理实践和技术实践；目前引入到营销管理和商务管理的专业实训，是对现有理论、事实的检验，主要用于加深学生对知识和技能的理解和认识。实训报告则是包含实训目的、实训环境、实训原理、实训过程、实训结果、实训总结等方面内容的书面汇报材料，类似于理科课程的实验报告。

2. 实训报告的定义

实训报告是在学习过程中，通过实验中的观察、分析、综合、判断，如实地把实训的全过程和实训结果用文字形式记录下来的书面材料。实训报告具有情报交流和保留资料的作用。

3. 实训报告的特点

确证性。它所记录的实训结果，能经得住任何人的重复和验证。

纪实性。对实训的过程和结果，必须如实记录；常以图解帮助说明。

格式固定。

常使用专用的报告单。

实训报告的书写是一项重要的基本技能训练。它不仅是对每次实训的总结，更重要的是它可以培养和训练学生的逻辑归纳能力、综合分析能力和文字表达能力，这些能力是科学论文写作的基础。因此，参加实训的每位学生，均应及时认真地书写实训报告。

要求内容实事求是，分析全面具体，文字简练通顺，书写清楚整洁。

二、实训报告内容与格式

（一）实训名称

要用最简练的语言反映实训的内容。如验证某程序、定律、算法，可写成“验证×××”“分析×××”。

（二）所属课程名称

（三）学生姓名、学号、合作者及指导教师

（四）实训日期和地点（年、月、日）

（五）实训目的

目的要明确，在理论上验证定理、公式、算法，并使实验者获得深刻和系统的理解，在实践上，掌握使用实验设备的技能技巧和程序的调试方法。一般需说明是验证型实验还是设计型实验，是创新型实验还是综合型实验。

（六）实训原理

简述实训相关的主要原理。

（七）实训内容

这是实训报告极其重要的内容。要抓住重点，可以从理论和实践两个方面考虑。这部分要写明依据何种原理、定律算法或操作方法进行实验。详细理论计算过程.

（八）实训环境和器材

实训用的软硬件环境（配置和器材）。

（九）实验步骤

只写主要操作步骤，不要照抄实习指导，要简明扼要。还应该画出实验流程图（实验装置的结构示意图），再配以相应的文字说明，这样既可以节省许多文字说明，又能使实验报告简明扼要，清楚明白。

（十）实验结果

实验现象的描述，实验数据的处理等。原始资料应附在本次实验主要操作者的实验报告上，同组的合作者要复制原始资料。

对于实训结果的表述，一般有三种方法。

1. 文字叙述

根据实训目的将原始资料系统化、条理化，用准确的专业术语客观地描述实验现象和结果，要有时间顺序以及各项指标在时间上的关系。

2. 图表

用表格或坐标图的方式使实验结果突出、清晰，便于相互比较，尤其适合于分组较多，且各组观察指标一致的实验，使组间异同一目了然。每一图表应有表目和计量单位，应说明一定的中心问题。

3. 曲线图

常见的曲线图。

2011 年，公司实现销售额月复合增长率 15%，其中 8 ~ 12 月增长率达 30%，发展

势头迅猛。

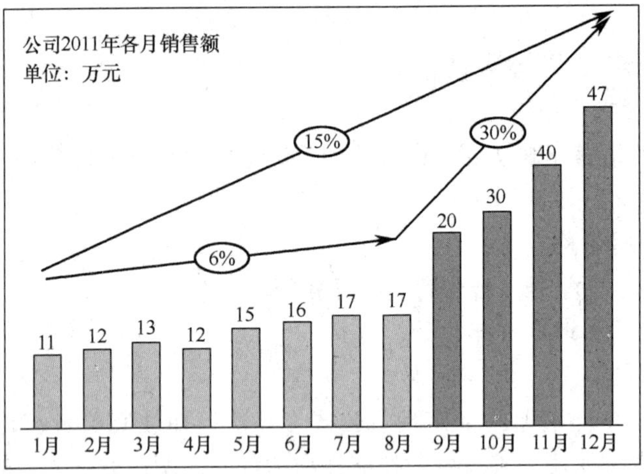

应用记录仪器描记出的曲线图，使各种指标变化的趋势形象生动、直观明了。

在实训报告中，可任选其中一种或几种方法并用，以获得最佳效果。

（十一）实训总结

实训总结是对实训所能验证的概念、原则或理论，以及实训过程的简明总结，也可以对本次实训提出一些问题或建议等。

三、实训报告案例

综合技能实训报告

一、实习时间：× ×

二、实习地点：× ×

三、实习目的

提高英语专业本科四年级学生的语言实践能力，增强学生的跨文化交际能力，促进学生间的协作学习以及学生与教师间的互动；

本实训通过一系列语言性较强的活动，考核学生是否达到《高等学校英语专业教学大纲》对于英语本科四年级的听说读写能力要求；

通过本实训，全面训练学生的听、说、读、写、译等各项技能，提高学生在真实环境下运用英语的实战能力。

四、实习情况简介

经学校安排，本人于× ×期间进行了综合技能实战演习，实训工作内容包含校内与校外两个部分，校内包括模拟竞选演说，模拟颁奖典礼，对外产品推介，商务情景模拟；校外参观× ×公司，听了外贸业务员的讲座及参观会议厅、车间、产品、办公室等，了解了外贸流程及公司发展史。现总结如下：我们的工作任务主要包括分组合作，小组角色分配，题材的收集和编辑，视频材料及 PPT 的制作，实训排练，保持纪律及服装搭配合格，脱稿演讲及按时按要求完成实训任务。我们参加这几项实训，给我最大的收获就是团队的力量是很强大的，大家一起合作带来的成果是非常大的，无论是成绩还是团队的感情都是一项很大的收获。

五、实习内容

1. 模拟竞选演说：我们组借鉴2008年奥巴马竞选总统的演说流程，角色分为两位总统候选人奥巴马和麦凯恩，主持人，两个记者。

2. 模拟颁奖典礼：模拟××电影节，以莫言的小说改编的电影红高粱为背景，选出最佳女主角，最佳剧作奖。

3. 对外产品推介：女人都爱美，我们以××减肥产品为品牌，宣传并向外推广，模拟电视购物的场景，达到对外产品推介的目的。

4. 商务情景模拟（商务方向）：就这一问题，我们分为两方：中方海鲜产品公司和美方海鲜收购公司。流程为客户预约、客户接待、商务洽谈、商务合同签订。

5. 校外参观：参观××公司，听专业人士的讲座，参观产品、办公室、车间，更多的了解外贸公司的运作以及发展前景。

六、实习小结或体会

这一次综合技能实战演习持续了两周，这次的实训让我受益匪浅。实训工作内容包含校内与校外两个部分，校内包括模拟竞选演说，模拟颁奖典礼，对外产品推介，商务情景模拟；校外参观××公司。虽然我不是组长，但是我还是为我们组出了一份力。在第一周，我们要准备模拟竞选演说和模拟颁奖典礼。在总统竞选演说中，我们小组有五名组员，因真正的总统竞选程序比较繁琐，而人员有限，为了更好地完成这次任务，我们决定挑重要角色来演绎完成，两个总统候选人，一个主持人和两个记者。我们选取的是奥巴马2008年与麦凯恩竞选之争，我被委以重任模仿麦凯恩。麦凯恩是一名有野心的资深政治家，政治口吻非常强烈，难以把握。这次模拟总统竞选人让我收获颇多，政治不易懂，做政治家更难。因为时间仓促，准备的不是很充分，没能脱稿，这一点还是比较遗憾。这让我也懂得英语不是那么好学的，要学好还是必须下苦功夫的。

过了一天，我们又开始进行模拟颁奖典礼。一直以为颁奖典礼很容易，谁知要做的工作还是比较复杂。为了迎合当前莫言热，我们就以他的一部小说改编的电影红高粱来做文章。这次我们分为两个主持人，两个颁奖嘉宾和一个获奖明星。而我作为一名颁奖嘉宾，自然工作还是比较重要的。借鉴以前的颁奖现场，大家同意这个方案。就只是进行这两项实训，让我深深认识到自己的英语水平有待加强，团队精神非常重要。下个礼拜模拟了对外产品推介和商务情景模拟。这次实训给我印象非常深刻，教训也是非常明显的。我们英语专业本科四年级学生必须提高语言实践能力，增强跨文化交际能力，提高听说读写能力，全面训练听、说、读、写、译等各项技能，提高在真实环境下运用英语的实战能力。通过此次实训，我们认识到：一定不能只局限与理论知识的学习，更应该把理论的东西与实战相结合，多抓住些实战的机会锻炼自己的谈判能力，从而达到学习的目标，减少经济成本，赢得最大利益，成为一个成功的商务外贸业务人士。还有一个重要的收获就是只要大家肯努力，不管任务多繁重，不管是在多少时间的情况下，我们一定可以完成任务，而且可以做得很好。当然，组员的团结以及配合也是很重要的，大家齐心协力，把每份演习都做好，可谓是受益匪浅。

在实训的最后一天，我们在老师的带领下坐着校车去参观××公司，我们参观了他们公司的产品、车间和办公室，听专业人员讲解外贸流程，我们学习到与外国客户的沟通策略和技巧，而这些技巧对于我们商务专业的学生来说，都是非常有用的。最后他们向我们投橄榄枝，希望有对他们公司感兴趣的同学可以考虑他们。一路奔波，虽然有点不舒服，不过还是有收获的。了解了现在的外贸公司状况以及发展前景，还有初来乍到的外贸人员应该注意的事项。

从这次实训中我学到了团队精神的重要性，一个团队需要一个强有力的领导者，而且大家要团结合作。如果一个团队像一盘散沙则不足以成事。当今社会，人才济济，竞争压力大，就业形势严峻。不论是以前还是现在，社会需要的是实用的人才。先不说我们的专业水准，就做人的一些道理和注意事项也是我们所缺乏的，也是我们必须向老员工学习的。大家都知道自己的英语水平有几斤几两。

认认真真做事，踏踏实实做人。一个人如果没有端正态度，是可能做好事情的，要不然别人说认真的人是最有魅力的。不论是现在学习还是以后就业，我提醒后来的人应该在学校好好学习，积极参加活动，不要浪费光阴，认真对待每一天，也许道路坎坷，但是不经历风雨怎能见彩虹。No pain, no gain. 世界上没有免费的午餐，人不可能不劳而获的，只有付出才有回报。

这次实训是一次难忘的经历，感谢我的同伴，我们很好地完成任务。谢谢一直陪伴我们的各位指导老师，一直坚守阵地。当初认为综合技能实战演习好难完成，现在回想起来也不难。世上无难事，只怕有心人。以后无论我们遇到什么困难和挫折，保持一颗积极向上的心态。我相信没有过不去的坎，船到桥头自然直。

七、部门领导签字

部门主管签字：（手写）________　　　　单位盖章：

八、参考文献

[1] 陈福明，王红蕾. 商务谈判［M］. 北京：北京大学出版社，2006.

[2] 菲律普，柯普乐. 营销管理［M］. 上海：上海人民出版社，2003.

[3] 李品媛. 现代商务谈判［M］. 大连：东北财经大学出版社，2007.

[4] 李爽. 商务谈判［M］. 北京：清华大学出版社，2007.

[5] 周延波. 商务谈判［M］. 北京：科学出版社，2006.

九、指导老师审评

指导老师评阅（手写）成绩（百分制）：

指导老师评语：

指导老师签名：

年　　月　　日

注：如教研室有明确的评分标准，可粘贴于此页。

【随堂实践】

1. 实训报告的内容与格式有哪些？

2. 按照实训报告格式对本学期课程项目活动进行回顾整理。完成会计实务实训报告。

【双语范例】

会计文本的翻译实践报告

本次翻译项目为《小企业会计准则》，其语言规范并含有大量的专业术语，涉及范围广。

1. 专业词汇的翻译

E. g. 1：应收及预付款项应当按照发生额入账。

（第九条）

【译1】Receivables and prepayments should be recorded in the account book according to accruals.

【译2】Receivables and prepayments should be recorded in the account book according to amounts incurred.

“发生额”指在一定的时期内，这个科目在借方或贷方所发生的所有往来的总和，包含内容广泛；同时，该词汇属于会计文本的专业词汇，具有专业性和单一性特征。译1将其译为“accruals”，该词通常指获利、利息、自然增长，会计中则暗含强调了“权责发生额”，使用在此处缩小了发生额的范围。因此通过小组讨论改译为“amounts incurred”，相对来讲，更加合理、准确。

E. g. 2：长期债券投资到期，小企业收回长期债券投资，应当冲减其账面余额。

（第二十条）

【译1】As the long-term bond investment to maturity, small business should collect the long-term bond investment and deduct the book value.

【译2】As the long-term bond investment to maturity, the long-term bond investment should be collected after deducting its book value.

译文注意到了对“冲减”的理解：“冲减”即冲销，是会计学中的专用术语，指收入或者费用之间相互抵消。冲减可以部分冲掉，也可以全额冲掉，但是前者居多，一般多用于将某一科目的金额减去一部分，而不是全部。在此处选择“deduct”表示“冲减”的含义，尽管采用的形式不同，但是含义相同，即部分冲掉，符合专业术语的要求。

E. g. 3：盈余公积，是指小企业按照法律规定在税后利润中提取的法定公积金和任意公积金。

（第五十六条）

【译1】Surplus reserves are the legal reserves and random reserves which are appropriated from net profit in accordance with laws and regulations.

【译2】Surplus reserves are the legal reserves and other surplus reserves which are appropriated from net profit in accordance with laws and regulations.

此句话中，译1将“任意公积金”误译为“random reserves”（“随机储备”），显然没有完全理解“任意公积金”的真正含义。其实，“任意公积金”又称“任意盈余公积金”，是指根据公司章程或股东会决议于法定公积金外自由提取的公积金。因此通过小组讨论将其改为“other surplus reserves”，符合原语的含义。

E. g. 4：预计净残值，是指固定资产预计使用寿命已满，小企业从该项固定资产处珞中获得的扣除预计处珞费用后的净额。

（第二十九条）

【译 1】Expected net salvage refers to after the expected service life of fixed assets, small business should take the net value after deducting the treatment expense from fixed asset treatment expense.

【译 2】Expected net salvage is net amount that is achieved by small business deducting the expected treatment expense from fixed asset treatment expense beyond the expected service life of fixed assets.

“预计净残值”是在增加固定资产时确定的预计净残值率与原值的乘积，预计净残值率一般为 3% ~5%。净值是指固定资产减去累计折旧后的余值。“预计净残值（Expected net salvage）”指“净额（net amount）”，其余部分是修饰限定“净额”。

专业术语的翻译是本次翻译项目的亮点，因此必须特别把握术语的理解。处理此类句子的方式为：首先，通读句子或段落尽量理解原文的含义；其次，选出会计文本中的专业词汇并做特定的处理；最后，理清句子词汇或短语之间的逻辑关系。在理解阶段，这三个步骤是非常重要的。如果了解了术语及一般词汇短语的含义，理清了句子间的逻辑关系，就相当于完成了翻译项目最基础的部分。完成理解之后，筛选正确合理的表达方式则是学生译者需要解决的问题。

2. 词汇和短语在文本表达中的处理

（1）专业术语在文本表达中的处理。

E. g. 5：小企业的存货包括：原材料、在产品、半成品、产成品、商品、周转材料、委托加工物资、消耗性生物资产等。

（第十一条）

【译 1】The stock of small business includes raw material, unfinished product, semi-finished product, finished product, commodity, material turnover, goods in outside processing and consumptive biological assets etc.

【译 2】The inventory of small business includes raw material, unfinished product, semi-finished product, finished product, commodity, material turnover, goods in processing-outsourced and consumptive biological assets etc.

本句存在大量的专业词汇，如“raw material, unfinished product, semi-finished product, finished product, commodity, material turnover, goods in outside processing and consumptive biological assets”，在处理时侧重专业词汇的翻译。这些词汇具有单一性特征，对于此类具有固定表达的词汇或短语，可参照术语表并进行词义筛选，获得更好的英文翻译。

E. g. 6：债券的折价或者溢价在债券存续期间内于确认相关债券利息收入时采用直线法进行摊销。

（第十九条）

【译1】For the depreciation and premium of bond，the affirmation of relative bond interest income should be amortized by. straight-line method during bond duration.

【译2】For the discount and premium of bond，the affirmation of relevant bond interest income should be amortized by straight-line method during the bond duration.

从理解环节可知“直线法”在会计领域中具有特殊的含义，其强调影响折旧的因素为时间的推移而非使用的程度。经查证，作为专业术语的“straightline”已经获得界内人士的认可，采用直译方法。同理，在处理已经获得认可的表达时，均可采用直译的方法。

E. g. 7：费用应当按照功能分类，分为营业成本、营业税金及附加、销售费用、管理费用和财务费用等。

（第八十一条）

【译1】Expenses should be classified into business cost，business tax and attachment，selling expenses，administrative expenses and financial expenses and so on.

【译2】Expenses should be classified into business cost，business tax and surcharges，selling expenses，administrative expenses and financial expenses and so on.

首次将其误译为“business tax and attachment”。未能正确理解“附加”（反映企业经营主要业务应负担的营业税、消费税、城市维护建设税、资源税、土地增值税和教育税附加等）的真正含义造成的，小组讨论后将其修改为“Business tax and surcharges”。可见，理解对于表达环节的重要作用。这种翻译的处理注重了专业词汇的实际含义，避免了想当然的直译造成的误译。

E. g. 8：小企业的资产按照流动性，可分为流动资产和非流动资产。

（第五条）

【译1】According to liquidity，the assets of small business could be classified into two types，namely，current assets and non-current assets.

【译2】According to liquidity，the assets of small business could be classified into current assets and non-current assets.

将“流动资产”和“非流动性资产”视为一组对义性词汇，包括含义和范围的对立，理解时可以相互参照“current assets”和“non-current assets”。同样的，对于这些对义性的词汇，不仅应相互参照着理解，也应相互参照着翻译，但前提是必须在英文中能够找到此类表达。

会计文本的翻译具有专业性的特点，要求精准的词汇表达。因此在理解原文该词所表达含义的基础上，找到适用的释义，在释义的基础上进行精确的选择。在这一过程中，当理解了原文的词语或短语的含义之后，如果项目的中文表达存汉语会计文本的英译实践报告在对应的英文表达（字典+网络资源）直接筛选；如果没有，则需通过大量搜索网络资源及相关背景信息得出合理的表达。

（2）同义词在文本表达中的处理

E. g. 9：小企业取得的存货，应当按照成本进行计量。

（第十二条）

【译1】The stock owned by small enterprise should be measured according to the cost.

【译2】The inventory owned by small enterprise should be measured according to the cost.

两次译文区别在于“存货”的表达。第一次将“存货”翻译为stock，其属于英式英语，表示存货、积压，主要是指原材料、制成品、备品等的具体的库存，是一个静态的、具体的描述；库存作为东西放在那里，甚至是混乱的、没有条理性，其侧重于经济会计层面的“资金”性质的占用。此处“存货”包含产成品或商品、在产品、材料和物料等生物资产。对比而言，企业持有存货的最终的目的是为了出售，即可供直接销售，如企业的产成品或需经过进一步加工后才能出售的。因此应选用inventory，其为美式英语，指以支持生产、维护、操作和客户服务为目的而存储的各种物料，是一个动态的描述；属于正式书面用语；是库存被清点后的严格管控，侧重于信息的动态管理。之所以翻译错误是因为未能正确的区分“stock”和“inventory”。

E. g. 10：小企业的流动资产包括：货币资金、短期投资、应收及预付款项、存货等。

（第七条）

【译1】Current assets of small business include monetary capital, short-term investment, receivables and advance payments and stock etc.

【译2】Current assets of small business include monetary fund, short-term investment, accounts receivable and prepayment and inventories etc.

“Monetary fund, short-term investment, accounts receivable and prepayment and inventories”均属于会计文本的术语范畴。第一次将“货币资金”翻译为“monetary capital”，第二次修改为“monetary fund”。注重同义词的区分：“capital”可以做资产里的不变资本，可变资本。“fund”指专项资金、基金，一般事业单位报表里会有相关科目。因此，在此使用了“fund”。

专业词汇的同义词区分是本次翻译任务的一个亮点之一，较多专业术语的翻译存在一定的难度，此处还需在专业术语的基础上区分同义词的用法，属于难上加难。在翻译的过程中，译者应认真区分其含义，不能出现模糊的表达；必须在参照各种资料的条件下选择更为适合的表达。

此处的同义词翻译属于常用词汇范畴，在处理时，应参照其在常用领域中的用法，结合使用的场景和条件，进行翻译处理。

E. g. 11：自然灾害等不可抗力因素造成的损失，税收滞纳金，罚金、罚款，被没收财物的损失，捐赠支出，赞助支出等。

（第七十条）

【译1】The loss caused by natural irresistible factors, overdue payment of tax, penalty, fine, loss of forfeited property, donation expenditure and sponsor expenditure etc.

【译2】The loss caused by irresistible factors, for example, natural disasters, overdue payment of tax, fine, penalty, loss of forfeited property, donation expenditure and sponsor expenditure etc.

在此需要特别注重两点：第一，“自然灾害等不可抗力因素造成的损失”译为“loss caused by natural irresistible factors”这属于细节疏忽造成的错误，应译为“loss caused by irresistible factors，for example，natural disasters”；第二，混淆了“罚金、罚款”的汉语含义，导致了错误的英语表达。根据牛津高阶英汉双解词典解释“fine”：“A sum of money that must be paid as punishment for breaking a law or a rule”； “penalty”：“as punishment for breaking a law，rule or contract”，由此可见，“fine”更强调钱的含义，与罚金的侧重点相互对应。“free”和“penalty”相似，但侧重指罚款时候的那个钱“罚金”。因此，小组讨论修订了此句话中的两处翻译。

这些同义或相近词汇的翻译处理，其翻译的质量严重影响企业的发展和相关贸易业务等。此处同义词的区分时，小组参照了法律专业词汇的含义提供了建议和意见。因此，在处理非专业术语的同义词的翻译时，可以参照其他领域的解释。译者需谨慎、小心并广泛参照字典和网络资源区分这些词汇的差异并选择合适的英文表达。

（3）短语在文本表达中的处理

E. g. 12：以支付现金取得的短期投资，应当按照购买价款和相关税费作为成本进行计量。

（第六条）

【译 1】Short-term investment got by paying cash should be measured according to the purchased price and relating tax as the cost.

【译 2】The short-term investment acquired by cash should be measured according to the purchased price and relating tax as the cost.

“以支付现金取得的短期投资”按照汉语的短语语义分析讲，属于限定关系，因此在英语中，采用后置定语结构（过去分词作定语）带有一定的客观性。中心词语为“短期贷款”，“支付现金”是取得贷款的方式（by 表示方式方法）；同时，文本中的“取得”为正式用语，采用“acquired”，综上所述，小组讨论后，将此短语修订为“the short-term investment acquired by cash”。

E. g. 13：外购固定资产的成本……

（第二十八条）

【译 1】The cost of fixed assets acquired…

【译 2】The acquisition cost of—a fixed—assets…

“外购固定资产的成本”，首先从短语结构看，本短语为偏正短语，前偏后正：“偏”修饰、限制“正”构成模式为：定 + 中（名、代）。但当译成英语时，在绝大多数情况下，都必须将定语置于中心语之后。在此，“外购固定资产”是偏正词组作前置定语，置于所修饰的中心语之前，修饰限定“成本”（名词属于正，中心语），在翻译时需将其译作介词结构做后置定语。其次，本短语的定语由两个名词组成，即“外购、固定资产”通常两个定语修饰中心词时，在翻译时，语序不变，两个定语也放在所修饰的中心语之前，但也有例外。在汉语中，“越是能说明事物本质的定语越放在前面，英语则相反，越是说明事物本质的定语，越要靠近它所修饰的中心语”，在此“外购和固定资产”均属于修饰限定“成本”的成分，因此应综合考虑，采用前置定语和后置定语来解决此问题。综上所述，“外购固定资产的成本”可译为：“The acquisition cost of a fixed asset”（采用名词和介词短语分别作中心词 cost 的前置定语和后置定语）。

3. 短句在文本表达中的处理

短句是本次翻译项目中的一种常见句式，短句翻译质量的好坏也影响整个翻译成果。

E. g. 14：长期股权投资应当按照成本进行计量。

（第二十三条）

【译 1】Long-term equity investment should be calculated by cost.

【译 2】Long-term equity investment should be measured at the cost.

本句的主语为“长期投资”（Long-term equity investment），谓语是“计量”（measure）；本句中隐含了被动语态的结构，因此，在翻译时需将汉语中的隐性因素转化为英语的显性因素（be measured）；本句中的“按照……计量”，采用短语“measure at”，“按照成本”属于状语部分，通过介词（at）与其余成分连接。

在处理短句时，应提高重视。首先要分清句子的主干成分、熟悉词汇的搭配来确定句型，保证只包含一个谓语（重点）的单句模式；在分支处理上，了解语法知识也要选用适合原文的连词和介词等，使单句表达的含义清晰明朗。

4. 长句在文本表达中的处理

（1）含义分析确定主谓结构。

E. g. 15：小企业的流动资产，是指预计在 1 年内（含 1 年，下同）或超过 1 年的一个正常营业周期内变现、出售或耗用的资产。

（第七条）

【译 1】Current assets of small business refers to the assets, which have been realization, sale or consumption in a regular operation period, within one year (containing one year, the same with following) or more than one year.

【译 2】Current assets of small business is the assets, which will be realized, sold or consumed within one year (containing one year, the same with following) or within an operating cycle that is more than one year.

本句话主要讨论的是流动资产，是关于流动资产的定义。句子的主语明确，即流动资产；谓语为“是”；其主谓结构为“流动资产是资产”，这是全句的骨架和出发点。句子的主谓结构中，谓语动词是全句的焦点，其他成分的配置都要根据主谓框架而定。在本次翻译项目中，定义形式呈现的句子较多，主谓结构相对来讲较为清晰。

（2）成分分析打造树状结构。

E. g. 16：收入是指小企业在日常生产经营活动中形成的、会导致所有者权益增加、与所有者投入资本无关的经济利益的总流入。包括：销售商品收入和提供劳务收入。

（第五十八条）

【译 1】Revenue is the gross inflow of economic benefits, which is raised in the course of the ordinary activities of small enterprise and that will increase owner ' s equity. But it has nothing with the invested capital of owners, including revenue from sales of goods and supply of labor services.

【译2】Revenue, arising in the course of the ordinary activities of an enterprise, is the gross inflow of economic benefits, which will increase owner's equity but nothing with investment capital of owners. It includes revenue from sales of goods and supply of labor services.

本句式是此次翻译项目中常见的定义式的句子，可分为长短两种，本例属于长句。根据译文分析可知，句子的主语为"Revenue"，主语位于句首，突出了主语；其余均作为"收入"的定语，最初采用了一个定语从句和一个单句模式，其中的定语成分通过定语从句表达出来；译2采用了非谓语动词处理、定语从句和一个简单单句模式，将其中的两个定语成分分别通过非谓语动词和定语从句表达出来，另外的则采用单句结构处理。相对来讲，译2保留了源语中定语在英语中的定语成分，虽然句子较长，但是不会影响句子含义的表达。

（3）句间衔接达到英文形合

E. g. 17：资产是指资源，其余属于资源的限定成分做定语，而在英语中，可将这些定语与"资源"联系，形成动宾结构并采用被动语态表达处理。

（第五条）

【译1】An asset refers to a resource formed for the past transactions or events, owned or controlled by small businesses and expected to generate economic benefits to the enterprises.

【译2】An asset is a resource that Was formed for the past transactions or events, owned or controlled by small businesses and expected to generate economic benefits to the enterprises.

句子的主谓结构为"资产是资源"（an assets is a resource），其余属于资源的限定成分做定语。而在英语中，可将这些定语与"资源"联系，形成动宾结构并采用被动语态表达处理（was formed, was owned or controlled, was expected）。

从第二步骤可知，"小企业过去的交易或者事项形成的"中的"过去"属于汉语时态的明显表达，而在英语中，这种时态的变化，主要通过动词的时态转换来表示，即"Was formed for"；"小企业"是资产的施动者，构成了被动的句子关系（owned or controlled by）；"预期会给小企业带来经济利益的"与资产构成主谓关系，句中的主语应为人们（省略），仍可采用被动句式（expected to）。汉英两种语言存在差异性，在翻译的过程中，必须采用语法手段、表示关系和连接的手段，如介词词组、连词、关系代词、连接代词、连接副词等或非谓语形式来实现英语形合的目标。

（4）调整语序完成项目翻译。

E. g. 18：实际支付价款中包含的已到付息期但尚未领取的债权利息，应当单独确认为应收利息，不计入长期债权投资的成本。

（第十八条）

【译1】Contained in actual payment of the price, bond interest, which not be withdrawn at due date, should be affirmed independently into the receivable interest, not in the cost of long. term bond investment.

【译2】Bond interest, paid but not withdrawn at due date contained in actual price, should be affirmed as the receivable interest independently, but not recorded into the cost of long-term bond investment.

本句的中心词为“债券利息”，因此应置于句首，其他修饰成分相继置于其后。汉语在分析与结论的关系上是“先分析后结论”（实际支付价款中包含的已到付息期但尚未领取的债券利息）；英语在分析与结论的关系上是“先结论后分析”（Bond interest, paid but not withdrawn at due date contained in actual price）。英语句子的语序强调信息重心，属突显语序。译 2 中注意到了汉英表达中此方面的差异，调整了语序，将强调的部分置于句首。

因此，在汉译英长句的翻译过程中，应把握汉英句子在信息安排上的这一根本差异，适当调整译文的语序以适应其读者的思维习惯。通过本次会计文本的实践翻译，了解了汉英思维的差异和侧重点，建议此类文本的处理应按照上述程序进行，即确定主谓结构；成分分析打造树状结构；句间连接达到形合；调整语序完成了本次的翻译项目。

5. 语法、逻辑关系在文本表达中的处理

语法和逻辑关系的处理主要体现在句式之上。在单句和长句的处理上，我们已经使用了语法功能以理清文本的逻辑关系。尤其是在长句的处理过程中，我们强调了根据汉英的思维差异进行句子的处理和翻译。在此特别强调被动语态和从句的处理。

E. g. 19：小企业应当对所有固定资产计提折旧，但已提足折旧仍继续使用的固定资产和单独计价入账的土地不得计提折旧。

（第二十九条）

【译 1】Small business should withdrew and calculate all fixed assets fully depreciated except fixed assets in effect and land which is separately calculated into account.

【译 2】All fixed asses should be depreciated. However, the fixed assets that—have been fully depreciated but are still in use and the land that is separately measured and included shall be excluded.

本句话中不论主句还是定语从句均采用被动语态进行处理，表明了“对所有固定资产计提折旧”是规定，不是小企业的私自行为。这种不附带个人的意见和情感的表达正符合本次翻译项目的文本性质和实际要求。

E. g. 20：自行建造固定资产的成本，由建造该项资产在竣工决算前发生的支出（含相关借款费用）构成。

（第二十八条）

【译 1】The cost of self-building fixed assets is consisted of expenditure (including relative loans) which had taken before final settlement of account of the project amount.

【译 2】The cost of self-constructed fixed assets are made up of expenditure (relative loans included) which are incurred before final account settlement of it.

本句中含有动词较多，如“建造”“竣工”“决算”“发生”和“构成”，这是汉语的主要特征多动词。在翻译此句时，分别做以下处理：“构成”为本句中心词的谓语，因此采用动词形式“are made up of”；而“建造”，即“自行建造”采用了过去分词的结构，组成形容词性短语“self-constructed fixed assets”；“竣工”“决算”均发生了词性的转换；“发生”则转换为定语从句中的被动语态。因此，对于此类具有明显汉语特征的中文表达方式，需采用定语从句或非谓语形式等进行句式和词性的转换以达到标准英语的表达方式，符合译入语的表达习惯。

E. g. 21：预计净残值，是指固定资产预计使用寿命已满，小企业从该项固定资产处获得的扣除预计费用后的净额。

（第二十九条）

【译1】Expected net salvage refers to after the expected service life of fixed assets，small business should take the net value after deducting the treatment expense from fixed asset treatment expense.

【译2】Expected net salvage is net amount that is achieved by small business deducting the expected treatment expense from fixed asset treatment expense beyond the expected service life of fixed assets.

此句中文表达的定语较长，采用定语从句表达，避免头重脚轻；英文中多用被动语态；条件可放在句子的前面或后面。在这句的翻译中，采用了“正反互译”的翻译技巧“固定资产预计使用寿命已满”与“beyond the expected service life of fixed assets”为同一含义。

E. g. 22：盈余公积是指小企业按照法律规定在税后利润中提取的法定公积金和任意公积金。

（第五十六条）

【译1】Surplus reserves are the legal reserves and random reserves which are appropriated from net profit in accordance with laws and regulations.

【译2】Surplus reserves are the legal reserves and other surplus reserve which are appropriated from net profit in accordance with laws and regulations.

本句话采用定语从句中嵌套被动语态的表达。从结构上讲，这是会计英文中常采用的结构。本句话的主句为“盈余公积是指法定公积金和任意公积金”，“按照法律规定在税后利润中提取的”为其修饰限定成分，严格的限定了“法定公积金和任意公积金"的来源，采用定语从句处理，是符合英语语言用法的。同时，将从句中的动词“提取”进行了被动处理，体现了客观性思维的特征，符合英语习惯。

6. 标点符号在文本表达中的处理

标点符号在语言中的地位不差于直接的文字描述，地位很重要。本次翻译项目中标点的使用，存在错误最多的是冒号（:）。

E. g. 23：自行繁殖的产畜和役畜的成本包括：达到预定生产经营目的前发生的饲料费、人工费和应分摊的间接费用等必要支出。

（第三十六条）

【译1】The cost of self-breeding live stocks and draught animals includes：expenditure for feed，labor and indirect expense which should be distributed before achieving the expected operation aim.

【译2】The cost of self-breeding live stocks and draught animals includes expenditure for feed, labor service and indirect expense which should be distributed before achieving the expected operation aim.

在翻译原文中的“自行繁殖的产畜和役畜的成本包括:”时，将“包含”与“:”同时列出，但按照英语的要求，“include”已经包含“:”，因此应该省略。也可以将其翻译为：

The cost of self-breeding live stocks and draught animals: Necessary expenditures, such as, expenditure for feed, labor service and indirect distributed expense occurred before achieving the expected operation aim.

任务十五 创新论文才华溢

【任务综述】

经济论文与经济法有密不可分的关系。合作企业最新推出一款新型压滤机，为避免侵权的事情发生，就要第一时间进行商标注册。

任务：通过“法律诊所”的形式，检验我们能否运用已有的法律知识解决商标申请过程的实际问题。学生分组扮演注册商标申请公司和法律顾问，一问一答，然后再进行角色互换。之后以合作公司购销存业务或其他业务为主题完成一篇经济论文。

一、任务目标

1. 知识目标

了解并掌握经济论文的结构、格式和写作要求。

2. 能力目标

能够按照程序及要求独立完成经济论文的写作。

二、任务实施

1. 教师对本学期课程的项目活动进行讲评。展示学生撰写及中大集团部分文书，通过这些文书点评串讲应用文的种类、特点、写作要求、注意事项，将教材进行串讲，并总结学生作品。

2. 要求学生根据课前搜集到的资料结合教材自主学习相关知识点，教师指导难点。

3. 通过案例的分析与研究得出经济论文设计的程序和要求。

4. 操作：以合作公司购销存业务或其他业务为主题完成一篇经济论文。

【任务资讯】

一、经济论文的内涵、种类、特点
二、经济论文的写作要点
三、经济论文写作指导
四、参考文献格式
五、经济论文写作技巧

【资讯链接】

一、经济论文内涵、种类、特点

内涵经济论文——在对经济领域中的问题进行探讨和研究之后，表述科研成果的文章。经济论文是对经济学领域的研究成果做出的结论性总结。撰写经济论文目的在于，在经济学、金融、证券、贸易等相关理论指导下，从宏观和微观的两个角度，分别对社会生活中的经济现象、公司企业的典型案例等加以深入分析，继而得出理性的结论，并提出具有建设性的意见和解决方案，不断扩充经济领域的学术理论，扩大经济学研究范围和领域，可以学以致用，去解决社会经济发展中的实际问题。更重要的是，撰写经济论文可以使作者开拓思路，提高认识水平，论文将体现出很高的学术价值和实际意义。同时，一篇优秀的经济论文还可以使作者的学术成果、具有开创性的思想观点得以展示和传播，与经济学界同仁、广大读者互相学习，有助于扩大作者的知名度以及在业界、学术界的影响力。

论文种类有经济学理论、国际经济、地方经济、保险信托、国民经济、计量经济、国际贸易、财政管理论文等。

论文的特点有科学性（实事求是、客观）、创见性（发现新问题、提出新见解）、专业性（针对性、专业术语）。

二、经济论文的写作要点

1. 选题结构特点

（1）选题。

选题应该能够解释关系多人利益的现实活动，如用激励理论研究中国农业问题。解释范围太狭隘的选题写作意义也不大，但可以作为小品文，如研究大学上课占位的问题等。

（2）内容。

利用简单而深刻的经济学模型表达自己的观点，并利用分析证明自己的观点。

内容的好坏主要取决于：①用同行通用的规范经济学方法分析问题；②语言清晰准确表达要表达的意思；③模型对现实的解释能力。

（3）写作形式。

形式规范，内容才能规范。例如必须有理论综述部分，就要求确实要了解该领域的研究进度。必须有模型的假设，就必须设计出有意义的假设。必须有规范的实证检验，就不能随便罗列一些数据，而必须找到确实能够支持自己论点的证据。

2. 写作思维方式

一切从利益最大化角度分析，构造现实主体的利润函数和约束条件，以求最大化诠释。

3. 理论模型分析

（1）基础理论。

基础理论包括理论综述、现实意义。例如：具体钻研某一特定领域。

（2）模型。

模型包括假设、界定函数式、求解均衡解、模型的推广。例如：《高级微观经济学》《高级宏观经济学》《博弈论》。

（3）实证分析。

例如：《计量经济学》。

（4）选题要求。

准确得体要求论文题目能准确表达论文内容，恰当反映所研究的范围和深度。常见的毛病是过于笼统，题不扣文。关键问题在于题目要紧扣论文内容，或论文内容与论文题目要互相匹配、紧扣，即题要扣文，文也要扣题。这是撰写论文的基本准则。

力求题目简短精炼，用词需要精选。至于多少字算是合乎要求，并无统一的“硬性”规定，一般希望一篇论文题目不要超出 20 个字，不过不能由于一味追求字数少而影响题目对内容的恰当反映，在遇到两者确有矛盾时，宁可多用几个字也要力求表达明确。若简短题名不足以显示论文内容或反映出属于系列研究的性质，则可利用正、副标题的方法解决，以加副标题来补充说明特定的实验材料，方法及内容等信息使标题成为既充实准确又不流于笼统和一般化。

“外延”和“内涵”属于形式逻辑中的概念。所谓外延，是指一个概念所反映的每一个对象；

所谓内涵，则是指对每一个概念对象特有属性的反映。命题时，若不考虑逻辑上有关外延和内涵的恰当运用，则有可能出现谬误。

论文题目虽然居于首先映入读者眼帘的醒目位置，但仍然存在题目是否醒目的问题，因为题目所用字句及其所表现的内容是否醒目，其产生的效果是相距甚远的。有人对 36 种公开发行的医学科技期刊中的论文的部分标题作过统计分析，从中筛选 100 条有错误的标题。在 100 条有错误的标题中，属于“省略不当”错误的占 20%；属于“介词使用不当”错误的占 12%。

三、经济论文写作指导

1. 题名（Title，Topic）

题名又称题目或标题。题名是以最恰当、最简明的词语反映论文中最重要的特定内容的逻辑组合。

论文题目是一篇论文给出的涉及论文范围与水平的第一个重要信息，也必须考虑是否有助于选定关键词和编制题录、索引等。论文题目十分重要，必须用心斟酌选定。有人用“论文题目是文章的一半”描述其重要性。对论文题目的要求是：准确得体、简短精炼、外延和内涵恰如其分、醒目。

2. 作者姓名和单位（Author and department）

这一项属于论文署名问题。一是为了表明文责自负，二是记录作者的劳动成果，三是便于读者与作者的联系及文献检索（作者索引）。大致分为两种情形：单个作者论文和多作者论文。后者按署名顺序列为第一作者、第二作者……对研究工作与论文撰写实际贡献最大的列为第一作者，贡献次之的，列为第二作者，依此类推。注明作者所在单位同样是为了便于读者与作者的联系。

3. 摘要（Abstract）

论文一般应有摘要，有些为了国际交流，还有外文（多用英文）摘要。它是论文内容不加注释和评论的简短陈述。不阅读论文全文即能获得必要的信息。摘要应包含以下内容。

（1）从事这一研究的目的和重要性。

（2）研究的主要内容，指明完成了哪些工作。

（3）获得的基本结论和研究成果，突出论文的新见解。

（4）结论或结果的意义。

4. 关键词（Keywords）

关键词属于主题词中的一类。主题词除关键词外，还包含有单元词、标题词的叙词。

主题词是用来描述文献资料主题和给出检索文献资料的一种新型的情报检索语言词汇，正是由于它的出现和发展，才使得情报检索计算机化（计算机检索）成为可能。主题词是指以概念的特性关系来区分事物，用自然语言来表达，并且具有组配功能，用以准确显示词与词之间的语义概念关系的动态性的词或词组。

5. 注意事项

论文摘要的撰写通常在整篇论文将近完稿期间开始，以期能包括所有之内容。但亦可提早写作，然后视研究之进度作适当修改。有关论文摘要写作时应注意下列事项。

（1）整理材料使其能在最小的空间下提供最大的信息面。

（2）用简单而直接的句子。避免使用成语、俗语或不必要的技术性用语。

（3）请他人阅读并就其简洁度与完整性提供意见。

（4）删除无意义的或不必要的字眼。但亦不要矫枉过正，将应有的字眼过分删除，如在英文中不应删除必要的冠词如 a，an，the 等。

（5）尽量少用缩写字。在英文的情况较多，量度单位则应使用标准单位。特殊缩写字使用时应另外加以定义。

（6）不要将在文章中未提过的数据放在摘要中。

（7）不要为扩充版面将不重要的叙述放入摘要中。

（8）不要将文中之所有数据大量地列于摘要中，平均值与标准差或其他统计指标仅列其最重要的一项即可。

（9）不要置放图或表于摘要之中，尽量采用文字叙述。

6. 装订规范

封面

目录

摘要

ABSTRACT

前言

正文

结论

致谢

参考文献

毕业设计小结

附录

封底

四、参考文献格式

1. 期刊

［序号］主要作者．文献题名［J］．刊名，出版年份，卷号（期号）：起止页码．

例如：［1］×××，×××．Ni－P 合金镀层组织形貌及显微硬度研究［J］．太原理工大学学报，2001，32（1）：51－53.

2. 专著

［序号］著者．书名［M］．出版地：出版者，出版年：起止页码．

例如：［2］×××，×××．图书馆史研究［M］．北京：高等教育出版社，1979：15－18，31.

3. 论文集

［序号］著者．文献题名［C］．编者．论文集名．出版地：出版者，出版年：起止页码．

例如：［3］×××．高校学报编辑工作现代化特征［C］．中国高等学校自然科学学报研究会．科技编辑学论文集．北京：北京师范大学出版社，1998：10－22.

4. 学位论文

［序号］作者．题名［D］．保存地：保存单位，年份．

例如：［4］×××．地质力学系统理论［D］．太原：太原理工大学，1998.

5. 报告

［序号］作者．文献题名［R］．报告地：报告会主办单位，年份．

例如：［5］×××．核反应堆压力容器的 LBB 分析［R］．北京：清华大学核能技术设计研究院，1997.

6. 专利文献

［序号］专利所有者．专利题名［P］．专利国别：专利号，发布日期．

例如：［6］×××．一种温热外敷药制备方案［P］．中国专利：881056078，

1983－08－12.

7. 国际、国家标准

［序号］标准代号，标准名称［S］. 出版地：出版者，出版年.

例如：［7］GB/T 16159－1996，汉语拼音正词法基本规则［S］. 北京：中国标准出版社，1996.

8. 报纸文章

［序号］作者. 文献题名［N］. 报纸名，出版日期（版次）.

例如：［8］×××. 创造学习的思路［N］. 人民日报，1998－12－25（10）.

9. 电子文献

［序号］作者. 电子文献题名［文献类型/载体类型］. 电子文献的出版或可获得地址，发表或更新的期/引用日期（任选）.

例如：［9］×××. 中国学术期刊标准化数据库系统工程的［EB/OL］.

五、经济论文写作技巧

1. 依据学术方向进行选题

论文写作的价值，关键在于能够解决特定行业的特定问题，特别是在学术方面的论文更是如此。因此，论文选择和提炼标题的技巧之一，就是依据学术价值进行选择提炼。

2. 依据兴趣爱好进行选题

论文选择和提炼标题的技巧之二，就是从作者的爱好和兴趣出发，只有选题符合作者兴趣和爱好，作者平日所积累的资料才能得以发挥效用，语言应用等方面也才能熟能生巧。

3. 依据掌握的文献资料进行选题

文献资料是支撑、充实论文的基础，同时更能体现论文所研究的方向和观点，因而，作者从现有文献资料出发，进行选题和提炼标题，即成为第三大技巧。

4. 从小从专进行选题

所谓从小从专，即是指软文撰稿者在进行选择和提炼标题时，要从专业出发，从小处入手进行突破，切记全而不专，大而空洞。

【随堂实践】

1. 经济论文有哪些特点？分哪些种类？
2. 经济论文的选题要求包括哪些？
3. 根据经济论文写作指导，完成一篇经济论文。（选题自定）

【双语范例】

市场调研在营销企业中的作用

［摘要］随着社会经济的不断发展，企业竞争不断加剧，市场调研工作在营销企业

中的作用更加重要。在营销实践中，企业进行市场调研是为了更好地了解市场，从而制定正确的营销战略，不断开发新产品，开拓新市场，提升企业竞争力。

[关键词] 市场营销；市场调研；市场信息

1. 市场调研

随着企业竞争的加剧以及消费者需求的多样化，市场调研工作的重要性更加突出，市场调研可以为营销企业制定营销决策提供可靠依据。

市场调研是指系统地、客观地收集、整理和分析市场营销活动的各种资料或数据，用以帮助营销管理人员制定有效的市场营销决策。市场调研是企业了解产品市场和把握顾客的重要手段，是帮助企业决策的重要工具。对于现代管理者来说，掌握和运用市场调研的理论、方法和技能是非常必要的。

市场调研的内容主要涉及影响营销策略的宏观因素和微观因素，如需求、产品、价格、促销、分销、竞争、外部环境等。根据不同的调研目的，调研内容的侧重点也会有很大不同。总体来讲，市场调研的内容大致包括以下几个方面：

(1) 市场需求调研。市场的需求是企业营销的中心和出发点，企业要想在激烈的竞争中获得优势，就必须详细了解并满足目标客户的需求。因此，对市场需求的调研是市场调研的主要内容之一。市场需求调研包括：市场需求量的调研；市场需求产品品种的调研；市场需求季节性变化情况调研；现有客户需求情况调研（数量、品种）。

(2) 产品调研。随着环保要求的提高，不同的市场对产品的需求也不一样，产品在地区之间的需求也出现差异化。因此，产品调研也成为市场调研中不可忽略的问题。产品调研的内容包括：产品品质需求调研；产品品种需求调研；产品质量调研等。

(3) 价格调研。价格会直接影响到产品的销售额和企业的收益情况，价格调研对于营销企业制定合理的价格策略有着至关重要的作用。价格调研的内容包括：产品市场需求、变化趋势的调研；国际产品市场走势调研；市场价格承受心理调研；主要竞争对手价格调研；国家税费政策对价格影响的调研。

(4) 促销调研。促销调研主要侧重于消费者对促销活动的反应，了解消费者最容易接受和最喜爱的促销形式。其具体内容包括：调研各种促销形式是否突出了产品特征；是否起到了吸引客户、争取潜在客户的作用。

(5) 分销渠道调研。分销渠道选择合理，产品的储存和运输安排恰当，对于提高销售效率、缩短运输周期和降低运输成本有着重要的作用。因此，分销渠道的调研也是产品市场调研的一项重要内容。分销渠道调研的内容主要包括：配送中心规划的调研；物流优化组织的调研；如何降低运输成本的调研等。

(6) 营销环境调研。营销环境调研的内容包括：政治法律环境；经济发展环境；国际产品市场环境；产品技术环境；替代产品发展；竞争环境。

在营销实践中，进行任何市场调研都是为了更好地了解产品市场，搞清楚战略失败的原因或减少决策中的不确定性。

2. 市场调研对营销管理的作用

市场调研对营销管理的重要作用，主要体现在以下4个方面：

(1) 市场调研有助于管理者了解产品市场状况，发现和利用机会。在商品日益丰富的情况下，作为供应一方的生产者既面临有产品、资金和人才的竞争，也面临技术水平和技术设备的竞争；作为需求一方的消费者，在一个日益庞大、种类繁多的商品群面前必然会有所选择。谁能赢得消费者的垂青，谁就是成功者；反之，则面临着被挤出产品市场的命运。因此，生存危机是企业必须时时注意的问题，然而机遇也同时存在，这就要看企业如何把握时机。

(2) 市场调研有助于管理者制定正确的营销战略。在现代产品市场营销中，企业管理者如果对影响目标产品市场和营销组合的因素有充分的了解，那么管理将是主动的而不是被动的。主动的管理意味着通过调整营销组合来适应新的经济、社会和竞争环境，而被动的管理则是等到对企业有重大影响的变化出现时，才决定采取行动。市场调研在主动式管理中发挥着重要的作用，具有主动性的管理者不仅要在不断变化的产品调研中寻求新的机会，而且会通过战略计划的制订尽力为企业提供长期的营销战略，基于现有的和将来的内部能力以及预计的外部环境的变化，战略计划可以用来指导企业资源的长期使用。一个好的战略计划是在出色的市场调研基础上做出的，它有利于企业实现长期利润和产品市场占有率的目标；缺乏市场调研的差的战略计划则会威胁企业的生存。

(3) 市场调研有助于企业开发新产品，开拓新产品市场。任何企业的产品都不会在产品市场上永远畅销，企业要想生存和发展就需要不断开发新产品，市场调研在新产品开发中发挥着重要作用，通过市场调研可以了解和掌握消费者的消费趋向、新的要求、消费偏好的变化及对产品的期望等，然后设计出满足这些要求的产品，使企业的销售出现新的高潮。

(4) 市场调研有助于企业在竞争中占据有利地位。在产品市场上，生产紧随消费的情况普遍存在，但生产也可以强制需求，即在消费者对产品有了足够的了解和认识之后，认可产品并进行购买，这种强制需求一旦成功，企业就可率先进入产品的销售领域，从而在此占据绝对优势。然而，强制需求的成功必须建立在满足消费者的某种需求的基础上，而在成功的背后，市场调研起着极其重要的作用。

企业竞争的加剧和消费者需求的多样化，也使得人们对信息的需求不断增加，这就要求市场调研活动在以科学性作为前提的基础上更要富有创造性，而且创造性应该贯穿市场营销的全过程。

参考文献

[1] 田景惠. 中国成品油市场与营销[M]. 北京:中国财政经济出版社，2005.

[2] 冯丽云. 市场调研在企业营销管理中的应用[J]. 数量经济技术经济研究，2001.

Market research's role in the marketing firms

[Abstract] With the continuous development of social economy enterprises increasing competition, market research's role in the marketing firms is more important. In marketing practice, companies conduct market research in order to understand the market, in order to develop the right marketing strategy, and constantly develop new products, open new markets, enhance the competitiveness of enterprises.

[Keywords] Marketing; Market Research; Market Information.

1. Market Research

With the increased enterprise competition and diversification of consumer demand, the importance of market research is more prominent, market research, marketing companies can provide a reliable basis for the development of marketing decisions.

Market research refers to the systematic and objective collection, collation and analysis of a variety of marketing activities' information or data to help marketing managers to develop effective marketing decisions. Market research is the enterprise market to understand and grasp the important customers, and also is an important tool to help corporate making decision. For the modern managers, to master and apply market research theory, methods and skills are necessary.

Market research mainly deals with macroeconomic factors which affect the marketing strategy and micro factors such as demand, product, price, promotion, distribution, competition, and the external environment. Depending on the purpose of research, research content will have a very different focus. Overall, the general content of market research include the following aspects:

(1) Market demand research. Market demand is the center of corporate marketing and starting point, companies in the fierce competition to gain advantage, we must learn more and meet the needs of target customers. Therefore, the market demand for research is one of the main market research. Market demand research include: market demand research; market demand for product variety research; seasonal changes in market demand research; existing customer demand for research (number and species).

(2) Product research. With the improvement of environmental requirements, different market demand for the product is not same, the demand for products in the region also appear differentiation. Therefore, the product has become a market research survey, we can not ignore the problem. Product research include: product quality needs research; product variety needs research; product quality research and so on.

(3) Price research. Prices will have a direct impact on product sales and corporate earnings, the price research for the marketing research firm to develop a reasonable pricing strategy has a crucial role. Price research include: market demand, trends research; international product market trends research; market prices bear psychological research; major competitors price survey; national tax policy research impact on prices.

(4) Promotion research. Promotion research focuses primarily on consumer promotion response easiest to accept and understand consumer favorite form of promotion. The specific contents include: whether the form of research highlights a variety of promotional product features; whether played to attract customers, win the role of potential customers.

(5) Distribution channel research. Choose a reasonable distribution channels, product

storage and transportation arrangement is appropriate for improving sales efficiency, shortening cycle and reducing transport costs. Therefore, the distribution channels of product market research survey is also an important element. Distribution channels research should include: distribution center planning research; logistics optimization research organizations; research how to reduce transport costs and so on.

(6) Marketing environment research. Marketing environment research include: political and legal environment; environment for economic development; international product market environment; product technology environment; alternative development; competitive environment.

In marketing practice, any market research is better to understand the market, find out the cause of failure or reduce the strategic decision-making uncertainty.

2. Market Research On The Role Of Marketing Management

Market research on the important role of marketing management, mainly in the following four areas:

(1) Market research helps managers understanding the product market conditions, finding and exploiting opportunities. Increasingly rich in the case of goods, as the supply side is facing product, capital and talent competition, is also facing skills and technical equipment competition; demand side as consumers in an increasingly large variety of commodity group is bound to have a choice in front. Who will win the attention of consumers, who is successful; otherwise, is facing the fate of being squeezed out of markets. Therefore, the crisis of survival is the problem that the enterprise must always pay attention to, but opportunities also exist, which depends on how companies seize the opportunity.

(2) Market research helps managers developing the right marketing strategy. In modern product marketing, the business managers have a full understanding in the impact target market and the marketing mix factors, then management will be active rather than passive. Proactive management means by adjusting the marketing mix to adapt to the new economic, social and competitive environment, and the passive management of the enterprise is to wait until the changes have a significant impact occurs, before deciding to take action. Market research in the active management plays an important role, with the initiative of managers not only to research in the ever-changing products to seek new opportunities, but also through strategic plan development efforts to provide enterprises with long-term marketing strategy, based on existing and future internal capacity and the anticipated changes in the external environment, strategic planning can be used to guide the long-term use of corporate resources. A good strategic plan is an excellent market research made on the basis that it is conducive to long-term corporate profits and market share objectives; lack of poor market research strategic plan will threaten the survival of enterprises.

(3) Market research helps companies to develop new products, open new markets. Any company's products are not sold in the product market forever, businesses need in order to

survive and develop constantly develop new products, market research in new product development plays an important role, through market research to understand and master the consumer trends, new requirements, changes in consumer preferences and expectations of the product, and then design products to meet these requirements, the emergence of new business sales climax.

(4) Market research helps enterprises to occupy a favorable position in the competition. In the product market, producing widespread instances immediately after consumption, but production can also force requirement that the consumer of the product with sufficient knowledge and understanding of the approved product make a purchase, if this mandatory requirement is successful, corporate product sales can be the first to enter the field, resulting in this position of absolute dominance. However, the success of force needs to be built to meet the needs on the basis of a consumer, while behind the success, market research plays an important role.

Business competition and diversification of consumer demand, also makes it an increasing demand for information, which requires market research activities in science on the basis of scientificity as a prerequisite to be more creative and innovative marketing should run through the entire process.

Main References

[1] Tian Jinghui. China's refined oil market and marketing [M]. Beijing: China Financial and Economic Publishing House, 2005.

[2] Feng Liyun. Market research in enterprise marketing management application [J]. Quantitative & Technical Economics Research, 2001.

附录一 ××工程的投标文件目录参考

一、投标函
二、法定代表人身份证明
三、授权委托书
四、投标保证金（收据复印件）
五、已标价工程量清单
六、施工组织设计

1. 施工组织设计
2. 施工组织设计除采用文字表述外可附下列图表

附表一　拟投入本标段的主要施工设备表
附表二　拟配备本标段的试验和检测仪器设备表
附表三　劳动力计划表
附表四　计划开、竣工日期和施工进度网络图
附表五　施工总平面图
附表六　临时用地表

3. 确保工程质量的技术组织措施
4. 确保安全生产及文明施工的技术组织措施
5. 确保工期的技术组织措施
6. 冬雨季施工技术、减少噪音、降低环境污染、地下管线及其他地上地下设施的保护加固措施

七、项目管理机构

1. 项目管理机构组成表
2. 主要人员简历表及证书

八、资格审查资料

1. 投标人基本情况表
2. 近三年财务状况表（年度报表）
3. 近五年完成的类似项目情况表
4. 正在施工的和新承接的项目情况表
5. 今年发生的诉讼及仲裁情况

九、其他资料

1. 企业资质证书

2. 营业执照
3. 安全生产许可证
4. 项目经理证、注册建造师证
5. 近五年来承接业绩及证明材料
6. 备案证
7. 工程工期、质量、文明安全施工等承诺书
8. 独立投标人承诺
9. 法人授权委托书

附录二 国际招标和投标术语

招标：Invitation to Tender（Call for Tender）
招标人（招标方）：Purchaser
投标人（投标方）：Bidder
招标邀请函：Invitation for Bid（IFB）
招标书（招标文件）：Bidding Documents
投标书（投标文件）：Bidding Proposal（Bidding Documents）
正本：Original
副本：Copy
招标保证金（投标保函）：Bid Bond（Bid Security）
银行保函：Letter of Guaranty（L/G）
履约保证金：Performance Bond（Performance Security）
质保金：Warranty Bond（Warranty Security）
制造商授权书：Manufacturer's Authorization
招标公告：Announcement of Tender
截标期限：Deadline of Bid Submission
投标指引：Instructions of Bidders（ITB）
开标时间：Bid Opening Time
投标有效期：Bid Validity
递标：Submission of Bid
开标纪要：Bid Opening Record
开标结果：Bid Opening Result
评标：Bid Evaluation
资格预审：Pre-qualification
评标委员会：Bid Evaluation Board（Bid Evaluation Committee，Bid Evaluation Group）
中标通知（公告）：Notification of Award（Awarding Announcement）
供货范围：Scope of Supply
技术保证残素质（数据表）：Guaranteed Technical Particulars（Data Sheet）
投标函：Bid Form
授权书（法人）：Power of Attorney
价格表：Price Schedule

折扣函：Letter of Discount
交货表：Delivery Schedule
一般合同条款：General Contract Conditions (GCC)
特别合同条款：Special Contract Conditions (SCC)
营业执照（商业注册）：Business Registration
财务报告（审计报告）：Financial Statement (Audit Report)
会计师事务所：Audit Agent (Agency)
注册会计师：Certified Public Accountant (CPA)
型式试验报告：Type Test Report
偏差表：Deviation Form
澄清函：Letter of Clarification
澄清请求：Request of Clarification
公司目录：General Catalogue
产品目录：Product Catalogue
商务文件：Commercial Proposal
技术文件：Technical Proposal
投标样品：Bidding Sample
技术规格：Technical Specifications
用户证明：User Certificate
补充文件：Supplemental Document
拒标：Rejection to Bid
撤标：Withdraw of Bid
废标：Cancellation of Bid
重新招标：Recalling of Bid
修改投标：Modification of Bid
付款条件：Term of Payment
信用证（即期）：L/C (at sight)

附录三 公司结构与有关职称

总部（总公司）：Headquarters（Head Office）
直属子公司：Subsidiaries
直属海外子公司：Overseas subsidiaries
下属公司：Affiliated companies
下属海外子公司：Affiliated overseas companies
副董事长：Vice Chairman
常务董事：Executive directors
董事：Directors
总裁，总经理：President
理事会：Board of Governors
监事会：Board of Supervisors
董事长：President
首席执行官（CEO）：Chief Executive Officer
首席财务官（CFO）：Chief Financial Officer
首席技术官（CTO）：Chief Technical Officer
营销副总裁：Vice President of Marketing
主任：Director
财务总监：Financial Controller

附录四 支票用语

支票簿：cheque book

支票承票人：cheque drawer

持票人：cheque holder

不记名支票：cheque to bearer / bearer cheque

记名支票/认人支票：cheque to order

到期支票：antedated cheque

未到期支票：postdated cheque

保付支票：certified cheque

未获兑现支票，退票：returned cheque

横线支票：crossed cheque

普通横线：general crossing

特别横线：special crossing

空白支票：blank cheque

失效支票，过期支票：stale cheque

普通支票：open cheque

打10%折扣的10000元支票（即9000元）：a cheque for $10，000，less 10% discount

加10%费用的10000元支票（即11000元）：a cheque for $10，000，plus 10% charges

支票换现金/兑现：to cash a cheque

清理票款：to clear a cheque

保证兑现：to certify a cheque

填写支票数额：to fill up a cheque

支票上划线：to cross a cheque

开发支票：to make out a cheque

签发支票，开立支票：to draw a cheque / to issue a cheque

透支支票：to overdraw a cheque

背书支票：to endorse a cheque

请付票款/清付票款：to pay a cheque / to honour a cheque

支票退票：to dishonour a cheque

拒付支票：to refuse a cheque

拒付支票：to stop payment of a cheque

提示要求付款：to present for payment

见票即付持票人：payable to bearer

支付指定人：payable to order

已过期/无效：out of date / stale

请给出票人：R/D / refer to drawer

存款不足：not sufficient funds / insufficient funds

文字与数字不一致：words and figures differ

支票交换时间已过：account closed

更改处应加盖印章：alterations require initials

交换时间已过：effects not cleared

停止付款：payment stopped

支票毁损：cheque mutilated

汇款/寄钱：to remit / to send money

寄票供取款/支票支付：to send a cheque for payment

寄款人：a remitter

收款人：a remittee

附录五 信用卡术语

账户侵权：account takeover
收单机构：acquirer
收单行：acquiring bank
团体组织卡：affinity group card
持卡人年费：annual membership fee
批准率：approval ratio
信用卡用户损耗：attrition
授权：authorization
自动中止法律禁令：automatic stay
可用信用额：available credit
后台处理：back-end processing
行为评级：behavioral score
出单日：billing date
发卡机构：card issuer
信用卡送达邮件：card mailer
信用卡更换：card reissue
持卡人协议：cardholder agreement
持卡人银行：cardholder bank
持卡人主档案：cardholder masterfile
预支现金：cash advance
退单：chargeback
核销：charge off
芯片卡：chip card
公司卡：corporate card
信用分析员：credit analyst
信用余额：credit balance
信用卡：credit card
信用限额：credit limit
信用损失：credit loss
信用评分：credit scoring

交叉销售：cross-sell
正常账户：current account
信用评分底线：cutoff score
账户分类：cycle
循环周期：cycle period
违约账户：delinquent account
负面消息：derogatory information
描述性出单：descriptive billing
责任免除：discharge
洗票：draft laundering
电子资金转账系统：electronic funds transfer system/EFTS
凸印：emboss
紧急补发卡服务：emergency card replacement
加密：encoding
纠错方案：error resolution
异常交易：exceptions
异常账户文件：exception file
免息期：float
最低授权额：floor limit
资金匹配：funds matching
免息还款期：grace period
全息图像：hologram
热卡：hot card
压卡机：imprinter
受方退回交易：incoming chargeback
受方信息交换：incoming interchange
信息交换中心：interchange
信息交换手续费：interchange fee
发卡机构：issuer
逾期罚息：late charge
信贷额度：line of credit
坏账准备金：loss reserve
磁墨特征识别：magnetic ink character recognition/MICR
磁条：magnetic stripe
特约商户账户会计：merchant accounting
特约商户协议：merchant agreement
特约商户应担费用：merchant assessment
特约商户取得授权：merchant authorization

退回特约商户交易：merchant chargeback
特约商户内部黑名单：merchant warning bulletin
邮购/电话购物特约商户：MO/TO merchant
不良客户档案：negative file
坏账损失净值：net charge off
净结算额：net settlement
名义利率：nominal percentage rate
停息：nonaccrual
账户透支：nonsufficient funds/NSF
未用额度：open-to-buy
光电特征识别：optical character recognition/OCR
透支信用卡账户：over-limit account
付款凭单：payment coupon
付款到期日：payment due date
照片卡：photocard
个人身份密码：personal identification number/PIN
正常授权：positive authorization
正常客户档案：positive file
记账：posting
试销：prescreening
提示：presentment
优惠利率：prime rate
基本账户号码：primary account number/PAN
追索：recourse
参考号：reference number
换卡：reissue
还款备忘通知：reminder notice
二次提示：re-representment
反应时间：response time
限制账户：restricted account
限制信用卡名单：restricted card list
资产收益率：return on assets/ROA
费用收益率：return on expenses
销售收益率：return on sales
每单交易收益率：return per ticket
循环信用额度：revolving line of credit
结转：rollover
逃逸卡：runaway card

购物券：scrip
孳息：security interest
结算：settlement
失踪账户：skip account
越期付款：skip payment
失踪账户联络员：skip tracer
智能卡：smart card
利差：spread
标准集成：standards integration
标记账户：statused account
暂记账户：suspense account
刷卡交易：swiped transaction
无担保信贷：unsecured credit
语音应答系统：voice response unit
白卡欺诈：white plastic fraud
收益：yield
零授权额度：zero floor limit
违约率：probability of default
违约损失率：loss given default
违约暴露风险：exposure at default
期限：maturity

附录六 交谈常用的谦敬语与礼貌用语

谦敬语是在人际交往中经常使用的、用来表示谦虚、尊敬的礼貌用语，也称客套话。谦敬语的运用十分普遍，它可以说是社交中的润滑剂、黏合剂，能减少人际间的“摩擦”，可以沟通双方感情并产生亲和力，其作用是不可低估的。它可以使互不相识的人乐于相交；可以使初次见面的人很快亲近起来；请求别人时，可使人乐于提供方便和帮助；在发生不愉快时，可以避免冲突，得到谅解；洽谈业务时，使人乐于合作；在服务工作中，可以给人以温暖亲切的感受；在批评别人时，可以使对方诚恳接受。一个有教养的人，应当掌握使用客套话的艺术，自如地运用于各种场合。

谦敬称呼用语

称呼尊长可用老先生、老同志、老师傅、老领导、老首长、老伯、大叔、大娘等。

称呼平辈可用老兄、老弟、先生、女士、小姐等。

谦敬祈使用语

请人提供方便、帮助——借光、劳驾、有劳、劳神、费心、操心等。

托人办事——拜托。

麻烦或打断别人——打扰。

求人解答——请问。

请别人来——大驾光临、欢迎光临、恭候光临。

请别人不要送——请留步。

请别人提意见——请指教、请赐教。

请别人原谅——请包涵、请海涵。

谦敬欢迎用语

欢迎顾客——欢迎光顾、敬请惠顾。

初次见面——久仰、久仰大名。

许多时未见——久违。

访问——拜访、拜望、拜见、拜谒。

没有亲自迎接——失迎、有失远迎。

自责不周——失敬。

拜别——告辞、拜辞。

送别——请留步、请回、不必远送。

中途辞别——失陪。

以上谦敬语，比较固定而且常用。使用时，要感情真挚，发自内心，再辅以表情、眼神和手势，以增强表现力，发挥更大的感染力量。

礼貌用语

问候礼貌用语	您好。早安。午安。晚安
告别礼貌用语	再见。晚安。祝您愉快！祝您一路平安！
应答礼貌用语	不必客气。没关系。这是我应该做的。 非常感谢。谢谢您的好意
表示道歉的礼貌用语	请原谅。打扰了。失礼了。实在对不起。 谢谢您的提醒。是我的错，对不起。请不要介意。

附录七 45 句经典英语现场销售对话

1 Do you like this model?　你喜欢这款吗?

2 What would you like?　你喜欢什么样的?

3 What goods will you order?　你想订什么样的货?

4 How do you pack them?　你想怎样包装它的?

5 The style is out of stock?　这款没货!

6 How do you like this color?　你觉得这颜色怎样?

7 Take your time!　请随便看!

8 We have somespecial offers!　我们有一些特价产品!

9 We have ready stock!　我们有现货!

10 The quantity is too small!　这个数量太少了!

11 Can you order more?　能不能订多点呢?

12 It is our latest model!　这个是新款!

13 It is up to date style!　这是新货（新款)!

14 It's high quality!　这是好的质量!

15 It's well-made!　质量很好!

16 This is class one!　A 级货!

17 Sorry! the price is fixed!　对不起! 一口价!

18 This is the best price!　这是最低价!

19 This is the last offer!　这是最低报价!

20 The goods are not available!　那货还没准备好!

21 We have a rush on this model!　这货很畅销!

22 The material is very expensive!　现在面料很贵!

23 It's very hard to make!　做工很难!

24 How many pieces would you like to order?　你要订多少?

25 May I know what items you are interested in?
我可以知道你对哪个产品感兴趣吗?

26 This order will be delayed!　这个单要推迟!

27 I will deliver the order tomorrow!　我明天可以帮你送货!

28 Where would you like us to deliver the goods!　把货送到哪里呢?

29 When will you deliver the goods?　什么时候要送货?

30 I promise, have stock a few day later! 我保证！过几天就有货！

31 We can deliver the goods in end of this month! 我们能在月底交货！

32 We can deliver the goods in 15 days! 我们能在15天内交货！

33 Because our factory is too busy, can we deliver the goods later?
因为工厂比较忙，我们能不能迟点交货？

34 If this color is not available, would you like another one?
如果这颜色没有，其他的行吗？

35 The order is too small, we can't afford delivery!
这个订单太小，我们负担不了那费用！

36 We will try our best to deliver it ASAP! 我们会尽快交货！

37 Hope you will come again next time! 希望你下次再光临！

38 Hope to see you again! 希望再见到你！

39 Hope you will be our business partner! 希望你成为我们合作的伙伴！

40 Make sure you will sign on the order! 务必在订单上签名！

41 Cash on delivery! 交货付款！

42 C. O. D is our usual way! 交货付款是我们通常的方式！

43 Take care of you belonging! 请看好你的财物！

44 How can I reach you? 我怎么联系你呢？

45 Enjoy your trip! 旅途愉快！

附录八 求职英语口语（100例）

1. Excuse me. May I see Mr. John Smith, the manager?
劳驾。请问我能见经理约翰·史密斯先生吗？
2. It's me. What can I do for you?
本人就是。你有什么事？
3. May I help you?
你有什么事吗？
4. I have come at your invitation for an interview. Nice to meet you, Mr. Smith.
我是应你之邀来参加面试的。见到你真高兴，史密斯先生。
5. Please sit down.
请坐。
6. Please take a seat.
请坐。
7. I've come to apply for the position as office clerk.
我是来应聘办公室文员一职的。
8. I am very glad to know that my letter and resume have been received.
我的信和简历贵公司已收到，本人感到非常荣幸。
9. It is a great pleasure for me to have this opportunity for interview.
我能有机会来参加面试感到非常荣幸。
10. I am very happy that I am qualified for this interview.
我非常高兴能获得这个面谈机会。

关于地址和籍贯

11. What's your address?
你的住址是哪里？
12. What's your present address?
你现在的住址是哪里？
13. What's your permanent address?
你的永久性住址是哪里？
14. Could you tell me your telephone number?
能告诉我你的电话号码吗？
15. Give me your telephone number please.

请告诉我你的电话号码。
16. What is your birthplace?
你出生在哪里?
17. Where is your hometown?
你的故乡是哪里?
18. My birthplace is Shanghai.
我的出生地是上海。
19. Where is your domicile place?
你的户籍在哪里?
20. My domicile place is Tianjin.
我的户籍在天津。

关于家庭情况

21. Have you got married?
你结婚了吗?
22. Are you married?
你结婚了吗?
23. Yes, sir. I'm married.
是的,先生,我结婚了。
24. No, sir. I'm still single.
没有,先生,我还是单身。
25. I'm planning to get married.
我正打算结婚。
26. Do you have a large family?
你有很多小孩吗?
27. How many dependents do you have?
你有多少亲属?

关于教育背景

28. Would you tell me what educational background you have?
请告诉我你的学历好吗?
29. Which school or college did you attend?
你上过哪个专科学校或大学?
30. Which university did you graduate from?
你从哪个大学毕业?
31. I am a college graduate.
我是大学毕业生。
32. I have a B. S. degree.
我获得理学士学位。
33. What's your major in university?

你在大学主修什么?

34. Economics. I'm especially interested in "Economic Development of China".

经济学，我对"中国经济发展"特别感兴趣。

35. What are your major and minor subjects?

你的主修课和副课都是些什么?

36. My major subject is Economics and my minor subject is French.

我主修经济学，副修法语。

37. What course do you like best?

你最喜欢什么课程?

38. I was very interested in Business Management. And I think it's very useful for my present work.

我最喜欢企业管理，我觉得它对我现在的工作很有用处。

39. What degree have you received?

你得到过什么学位?

40. When and where did you receive your MBA degree?

你的工商管理硕士学位是什么时候，在哪里授予的?

41. I received my MBA degree from Beijing University in 2010.

我于2010年在北京大学获得的工商管理硕士学位。

42. How are your grades all college?

你读大学成绩如何?

43. They are above average C.

平均在C以上。

44. Did you get a good record in English?

你的英语成绩好吗?

45. Which band did you pass in College English Test?

你通过了大学英语考试几级?

46. In what subject did you get the highest marks?

你哪门科目得分最高?

47. I have already learned a lot in the classroom and I hope to be able to make practical use of it in business in your company.

我在课堂上学了很多东西，我希望能在贵公司把它实际运用到商务活动中。

48. Did you get any honors or rewards at your university?

你读大学时有没有获得过什么荣誉或奖励?

49. Yes, I got the university scholarship in 2010 ~ 2013 academic year.

有，我在2010到2013年获得了校奖学金。

50. Yes, I won the first place in the English Oratorical Contest of our university in 2010.

有，我于2010年获得校英语演讲比赛第一名。

51. Were you involved in any club activities at your university?

你在大学有没有参加过什么社团活动？

52. Yes, I was on the college basketball team.

有，我曾担任学校篮球队队员。

关于工作经验

53. Have you got any experience in sales?

你有销售方面的经验吗？

54. Do you have any practical experience as a secretary?

你有秘书工作的实践经验吗？

55. Yes, I have been working in the Public Relations Section of a company in the past two years.

是的，我在过去的两年中一直在公关部门工作。

56. Yes, sir. I have been a secretary in an insurance company.

是的，先生，我一直在一家保险公司担任秘书工作。

57. Although I have no experience in this field, I'm willing to learn.

虽然在这方面我没有经验，但是我愿意学习。

58. Would you tell me the essential qualities a secretary should maintain?

你能告诉我，作为一个秘书须具备什么样的重要素质？

59. Well, to begin with, I'd say she needs to be diligent, and the second point is that she has to do a lot of things on her own initiative. Finally, she can make report writing, summary writing, keep minutes at meetings, and so on. Most important of all is that she seems to have a better memory than average.

好的。首先，我认为她必须勤奋。其次，她必须主动做许多事情。再就是，她应会速记和打字，并具有书写报告、提要以及控制和掌握会议时间的能力。其中，最重要的是比常人更强的记忆力。

60. What work were you responsible for at your previous work unit?

你在原来的单位负责什么工作？

61. I was responsible for advertising designs.

我负责广告设计。

关于工作成就

62. Would you talk about your merits?

你能谈谈你的工作业绩吗？

63. Now please tell me something about your achievements in your work unit.

现在请你谈谈你在工作单位的业绩。

64. I got a second-class prize for my scientific research from Government last year.

我去年获得了政府颁发的科研二等奖。

关于语言能力

65. Do you read and write English?

你阅读和写作英语能力如何？

66. Do you think your English is good enough to do desk work?

你认为你的英文程序可以做文书工作吗?

67. Yes, I do both well.

是的，我读写都会。

68. I think so. I used to be an interpreter.

我想可以，我以前做过译员。

69. I can speak Mandarin fluently.

我能说流利的普通话。

70. I majored in English at college.

我上大学主修的是英语。

71. I got a high score on TOEFL.

我托福考试成绩很高。

72. I can communicate with foreigners easily. They say my English is quite good.

我能轻松地与外国人沟通，他们都说我的英语相当好。

关于辞职原因

73. What position have you held before?

你以前担任过什么职务?

74. What was your reason for leaving?

你为什么要离开呢?

75. Do you enjoy your present job?

你喜欢目前的工作吗?

76. Yes, I find it interesting.

是的，我发现它很有趣味。

77. I am working in a small company where further promotion is impossible. I am capable of more responsibilities, so I decided to change my job. I'd like to find a job which is more challenging.

我在一家小公司工作，所以晋级不大可能。我完全能够承担更多的责任，所以我决定换工作。我希望做一个更有挑战性的工作。

78. I would like to have a job that is more lively than my present one. Besides, I would like to practise my English in my work. As my present employer deals with China trade only, there isn't much chance to speak English.

因为我希望找到一份较有活力的工作。此外，我想在工作上多用英语。但我现时的雇主主要发展中国市场，所以很少会使用英语。

79. The work is not bad. Yet the salary is too small.

那份工作倒是不错，不过薪水太少了。

80. To speak frankly, I did not enjoy the work very much because these was not much for me to do at my post.

坦率地说，我不是很喜欢那份工作，因为我在这个职位上没有多少事可干。

关于应聘原因

81. Thank you for your interest in this position. Why do you consider yourself qualified for this job?

谢谢你对本公司的兴趣，为何你认为自己符合这职位的资格？

82. I speak fairly good English and I enjoy meeting different kinds of people, so I think I could handle the work of a receptionist.

我能说流利的英语，而且我喜欢接触不同的人，所以我认为我能胜任接待员一职。

83. I hope to have a job which offers me an opportunity for advancement.

我希望有一个提供升级机会的工作。

84. What interest you most about this job?

你对这份工作最感兴趣的是什么？

85. What do you think you would bring to the job?

你认为你将能为这份工作带来什么？

86. Did you choose this company on account of high pay?

你是因为薪水高才选择本公司的吗？

87. I have the educational background and relevant experience required by the job. Besides, I am a very good team player and have the desire to make a thorough success.

我有为工作有关的教育及工作经验。此外，我是一个很好的群体工作者并有把工作做到最好的信念。

88. My past work experience is closely related to this job. I am confident of doing the job well. Therefore I am desirous to get this position.

我过去的经验同这项工作密切相关，我有把握把这项工作做好。因此，我想得到这份工作。

89. My educational background and professional experience make me qualified for the job.

我的教育背景和工作经验使我能够胜任这项工作。

90. What do you consider important when looking for a job?

你选择工作时主要的考虑是什么？

91. I think the most important thing is the nature of the job. One should never do anything one is not interested in.

我认为工作的性质最重要，千万不要做你没有兴趣的工作。

92. What's your career objective?

你的事业目标是什么？

93. I hope I could be a leader of an energetic and productive sales team.

我希望成为一支有活力及高生产率的销售队伍的主管。

关于所谋之职

94. This job is not in Shanghai. Are you willing to work in other places?

这个工作地点不在上海，你愿不愿到其他地方去工作？

95. When will you start to work if you are employed?

如果你被录用，你什么时候可以上班?

96. If we decide to hire you，we will notify you by mail.

如果我们决定雇用你，就写信通知你。

97. I hope to have a job which offer me an opportunity for advancement.

我希望有一个提供升级机会的工作。

98. I learned about it from your advertisement in the newspaper.

我是从报纸上你们的广告中获知的。

99. I think I can，and I don't mind hard job.

我想我能做到，我不怕工作艰苦。

100. No problem for me. I believe I can do anything for you.

对我来说毫无问题，我相信我能为您做任何事情。

参考文献

[1] 张德实．应用写作［M］．第二版．北京：高等教育出版社，2002.
[2] 刘锡庆，胡丽萍．大学语文［M］．北京：北京师范大学出版社，2002.
[3] 刘文琦，罗晓东．现代实用文体写作［M］．北京：中国科学技术出版社，2002.
[4] 张立山，晁储军，李鸿．实用语文［M］．济南：山东人民出版社，2009.
[5] 张健．应用写作［M］．北京：高等教育出版社，2005.
[6] 杨文丰．高职应用写作［M］．北京：高等教育出版社，2007.
[7] 陶晓辉，苗邯军．口头表达能力训练［M］．武汉：华中科技大学出版社，2010.
[8] 杨文丰．高职应用写作［M］．北京：高等教育出版社，2007.
[9] 徐中玉．大学语文［M］．高职版．北京：高等教育出版社，2000.
[10] 欧阳友权，朱秀丽．实用口才训练［M］．长沙：中南大学出版社，2005.
[11] 陈桂良．新编实用写作［M］．天津：南开大学出版社，2010.
[12] 张志义．财经应用写作教学参考书［M］．北京：高等教育出版社，2005.
[13] 张立山，白吉秀，高文英．应用文写作［M］．吉林：吉林大学出版社，2010.
[14] 潘桂云．口才艺术［M］．北京：旅游教育出版社，2006.
[15] 潘桂云．应用写作与口才［M］．北京：高等教育出版社，2011.
[16] 魏伟峰．口才与演讲［M］．海口：南海出版社，2007.
[17] 邵守义．演讲与口才［J］．吉林：吉林师范学院，2003，32（1）：51－60.
[18] 房玉靖．现代商务英语口语［M］．天津：天津大学出版社，2012.